DAISY ZAMORA

CLEAN SLATE

new & selected poems

translated by
Margaret Randall & Elinor Randall

curbstone press

PQ
7519.2
.Z35
C54
1993

FIRST EDITION, 1993
Copyright to the poems is held by Daisy Zamora
Translation copyright © 1993
    by Margaret Randall & Elinor Randall
ALL RIGHTS RESERVED

Cover photo by: Kristin Reed
Cover design by: Stone Graphics
Printed in the U.S. by BookCrafters, on acid-free paper

Curbstone Press is a 501(c)(3) nonprofit literary arts organization whose
operations are supported in part by private donations and grants from the
ADCO Foundation, the J. Walton Bissell Foundation, the Connecticut
Commission on the Arts, the LEF Foundation, the Lila Wallace-Reader's
Digest Literary Publishers Marketing Development Program, funded
through a grant to the Council of Literary Magazines and Presses, the
Andrew W. Mellon Foundation, the National Endowment for the Arts,
and the Plumsock Fund.

Library of Congress Cataloging-in-Publication Data

Zamora, Daisy.
    Clean slate : new & selected poems / by Daisy Zamora : translated by
Margaret Randall & Elinor Randall. — 1st ed.
        p. cm.
    English and Spanish text on facing pages.
    ISBN 1-880684-09-8 : $12.95
    1. Zamora, Daisy—Translations into English.   I. Randall,
Margaret, 1936-.   II. Randall, Elinor.   III. Title.
PQ7529.2.Z36C54 1993
861—dc20   93-4848

distributed in the U.S. by
InBook
Box 120261
East Haven, CT 06512

CURBSTONE PRESS   321 Jackson Street   Willimantic, CT 06226

Contents

Translator's Note   11

<u> 1968-1978 </u>   from *The Violent Foam*
de *La Violenta Espuma*

Carta a una hermana que vive en un país lejano   16
Letter to My Sister Who Lives in a Foreign Land   17

Solamente te digo   20
I'm Only Warning You   21

Cuando te vas por la mañana   22
When You Leave Each Morning   23

Como explicarte   24
How to Explain   25

Precisamente   26
Precisely   27

Hemos ido juntando   28
We've Been Gathering   29

Para mi abuelo Vicente,
     desde Enero hasta su muerte   30
For My Grandfather Vicente,
     from January to His Death   31

El final   38
The End   39

Cuando regresemos   40
When We Return   41

Canto de esperanza   42
Song of Hope   43

Comandante Dos   44
Commander Two   45

1988 from *Clean Slate*	
de *En limpio se escribe la Vida*	
Mi prima Mercedes	48
My Cousin Mercedes	49
Reflexion sobre mis pies	50
Reflecting Upon My Feet	51
Lamento	54
Lament	55
El rayo de sol	56
Sunbeam	57
Hasta las últimas consecuencias	58
To the Last	59
Fiel al corazon	60
Faithful to the Heart	61
Fiel ama de casa	64
Loyal Housewife	65
Emilia, la enfermera	66
Emilia, the Nurse	67
Otilia planchadora	68
Otilia, the Ironing Woman	69
La mesera (3)	70
Waitress (3)	71
La estrella de Teresa	72
Teresa's Star	73
Querida tía Chofi	74
Dear Aunt Chofi	75
Afeites de la muerte	82
Death's Makeup	83
Campo arrasado	86
A Leveled Field	87

Al parto 88
Going to Give Birth 89

Era una escuadra desperdigada 90
It Was a Ragged Squadron 91

Radio Sandino 92
Radio Sandino 93

Reportaje de la protesta frente a la embajada de
Estados Unidos por las maniobras Pino Grande 118
Report of the Demonstration in Front of the U.S.
Embassy Protesting the Pino Grande Maneuvers 119

Encuentro subrepiticio con Joaquín Pasos 122
Surreptitious Encounter with Joaquín Pasos 123

Carta a Coronel Urtecho 126
Letter to Coronel Urtecho 127

50 versos de amor y una confesión
no realizada a Ernesto Cardenal 130
50 Love Poems and an Unfulfilled
Confession to Ernesto Cardenal 131

Voy a hablar de mis mujeres 134
I'm Going to Talk About My Women 135

1993 New Poems
Poemas nuevos

Cancion de la nieta como reina heredada 142
Song of the Granddaughter as Heiress Queen 143

Divisar la muerte 144
Anticipating Death 145

Vuelvo a ser yo misma 146
I Become Myself Once More 147

Súplica al último hijo 148
Entreaty to the Youngest Child 149

Sin respuestas 150
Without Answers 151

Día de las madres 152
Mother's Day 153

Los vecinos 154
Neighbors 155

Mensaje a los poetas 156
Message to the Poets 157

La bestia y su domador 158
The Beast and His Tamer 159

Tu perfección es 160
Your Perfection Is 161

Noticia en el supermercado 162
Supermarket News 163

Lassie (autobiografía) 164
Lassie (Her Autobiography) 165

Alter ego 166
Alter Ego 167

Adiós del ama de casa desempleada 170
Goodbye from an Unemployed Housewife 171

Trámites de divorcio 172
Divorce Proceedings 173

Marina 176
Seascape 177

Requisitos para ser reina de belleza 178
Requisites for a Beauty Queen 179

Mensaje urgente a mi madre 182
Urgent Message to My Mother 183

Contamos con que estás 184
Taking You for Granted 185

Mujer para la especie 186
Woman for the Species 187

Ser mujer 188
To Be a Woman 189

Linaje 192
Lineage 193

TRANSLATORS' NOTE

Daisy Zamora's is a strong and evocative presence. Her generation, and particularly the women of her generation, came of literary age in a country known for its poets — the way other countries are known for beaches, bananas, diamonds, or international bullying. In Nicaragua, *Poeta* is a title of honor as well as an endearment. Daisy grew into womanhood and into her own full voice in the context of extraordinary popular struggle, and she herself was an important protagonist in that struggle. Daisy's poems are passionate and incisive, whether they speak of losing a child at birth or shout out in the radio syllables of underground war communiques.

Zamora, born in Managua in 1950, grew up in a home both typical and atypical of her class and culture. On the one hand, there were all the accoutrements common to the life of a protected young girl who is sent to those religious academies charged with molding their spirits and expectations. Mysterious spinster aunts and a sister who early on emigrates to the United States walk in and out of these poems. On the other hand, Daisy's grandfather was a powerful self-affirming influence in her childhood. And she remembers — at the age of four — seeing her father's photograph on the front page of the daily paper; she had been told he was away on business but the image clearly placed him in the middle of a group of insurgents who had been caught and imprisoned attempting to overthrow Somoza García (father of the dictator who, years later, would be forced from Nicaragua by Daisy and her comrades).

Long a poet and painter, Zamora was professionally trained as a psychologist. She married young, and — not uncommon among the women of her time and place — became involved in early revolutionary activity alongside her first husband, Dionisio Marenco (the Dionisio of the poem "It Was a Disperse Squadron"). But she quickly found her own creative niche in struggle. "Radio Sandino," one of Daisy's best known and most powerful works, a centerpiece in this collection, intersperses her own voice reading communiques over the FSLN's[1] clandestine radio during the war's final offensive (May through July, 1979) with more personal musings as she makes her way back to a house in the night or imagines her mother and great aunt picking up the air waves from their exile in Honduras.

Daisy Zamora is a poet's poet. Deeply influenced by the friendship as well as by the literature of some of the greatest Nicaraguan writers (and she evokes them in these pages: Joaquín Pasos, José Coronel Urtecho, Ernesto Cardenal, Julio Valle-Castillo, Vidaluz Meneses), her work is populated with the literary references of a language, and a continent. It is rich and evocative, but not overburdened with historical data. And, because she is Nicaraguan, her poems are frequented by death.

But Daisy is also a people's poet — a rare combination. "Report of the Demonstration in Front of the U.S. Embassy Protesting the Pino Grande Maneuvers," and poems like "Waitress (3)" or "Otilia, the Ironing Woman" that evoke the lives of working people, come directly out of her revolutionary experience and sensibility. "Song of Hope" and "When We Return" could only have been written by a poet from Nicaragua, or Vietnam — countries that have known war and natural disaster for generations. Among much else, Daisy's poems are also a compendium of local flora and fauna — both real and imagined.

There are several themes that repeat and build upon themselves in this collection. One is the poet as woman: breaking through the limitations imposed by family and society,

[1] The Sandinista National Liberation Front, political vanguard of the Nicaraguan revolution and organization of which Zamora is a member. The FSLN was founded in 1960, spent many years organizing a successful political and military struggle, and led the Nicaraguan people to the overthrow of the dictator Somoza Debayle in July of 1979. Ten years later, unable to dispatch debilitating military aggression, in devastating economic chaos, and under overwhelming pressure from the United States, it lost the 1990 elections. The Party remains the country's single most viable political force, however, still controls some spheres of public life, and remains the only hope for a future of justice.

reflecting upon her strong feet and dreaming herself out of a complacent life. This female (and feminist) self-examination emerges in several fine poems about women family members and friends, and finds what is perhaps its most moving expression in "Death's Makeup," her tribute to the great Nicaraguan combatant Nora Astorga as she dies of cancer. "Commander Two," about Dora María Téllez,[2] is also historically interesting as well as poetically powerful.

Motherhood, its joys and sufferings, is another subject to which Daisy returns more than once. The reader will be deeply touched by some of her almost haiku-like windows on the loss of a baby, or pieces like "Mother's Day" in which she tells her children that she "advance(s) holding to the hope / of some distant port / where you... / will pull in one day / after I have been lost at sea."

We have decided, for chronology's sake, to arrange this collection at least somewhat in the order of the poems' publication in Spanish. That is, a selection from Zamora's 1981 volume *The Violent Foam* appears first, followed by some of the poems that make up her 1988 collection, *En limpio se escribe la vida* (which we have taken the liberty of translating as *Clean Slate*). The book ends with twenty-two newer and previously unpublished poems. Within this general organization, we have placed poems with common themes together, but also tried to allow for the complexity of Daisy's voice — which so successfully brings intimate memory into political verse or unexpectedly turns the full force of social commentary loose among the lines of a love poem.

The translating was done by a mother and daughter team. Elinor (the mother) produced first drafts of many of the poems; Margaret (the daughter) worked them into their final form. At ages 82 and 55, ours has been a long-awaited and happy

---

[2] At 22, Dora María Téllez was one of the leaders in the FSLN's takeover of the National Palace in September of 1978. Later, she commanded the liberation of the city of León. During the decade of Sandinista government, she was Minister of Public Health and Vice President of the National Assembly. Today she remains a Sandinista deputy to that governing body.

collaboration. In the final phase of this project, we were fortunate to have input from Daisy herself; she revised and approved every one of the English versions.

Very little literary license has been taken in these translations. Where necessary a colloquial turn of phrase in the Spanish has been coaxed into its English equivalent, but always in an effort to produce a similar emotional charge. When we've felt it was important, occasional footnotes have been added to explain historical references an English-reading audience might otherwise miss.

When the Sandinistas took power in 1979, Daisy Zamora came out of clandestinity to take her place in the continuing struggle to change her people's lives. During that extraordinary decade (1979-1990), she worked for the FSLN's National Directorate, headed an Institute of Economic and Social Research, and — in her role best known to those outside the country — was Vice Minister of Culture when Ernesto Cardenal was Minister of that government entity's most exciting early years. And she never stopped being a poet. In fact, her political involvement feeds and is distilled in many of these poems.

Since the Sandinista's electoral defeat in February of 1990, Zamora — along with several generations of fighters, and Nicaraguans in the larger sense — has been struggling for political and economic survival. Married to Oscar-René Vargas, a brilliant economist who has written a number of books on Nicaraguan political and economic history, she lives with him, a daughter from her previous marriage, and their two small sons. She has worked sporadically as a psychologist, taught literature at the Central American University, anthologized the poetry of Nicaraguan women, and continues to write. Of late, she has been active with groups of women who are looking at feminist issues in an impoverished and war-torn nation.

14

de LA VIOLENTA ESPUMA, 1968-1978

from THE VIOLENT FOAM, 1968-1978

Carta a una hermana
que vive en un país lejano

. . . Y fui enviado al sur de la villa de Wei
tapizada de bosquecillos de laureles y tú al
norte de Roku-hoku,
hasta tener en común, solamente, pensamientos y
recuerdos.
—"Carta del Desterrado" Li-Tai-Po

Todavía recuerdo nuestros primeros juegos:
Las muñecas de papel y los desfiles.
Y a Teresa, la muñeca que nos caía mal:
Teresa-pone -la -mesa.

La vida no retrocede y deseo conocerte.
Re-conocerte.
Es decir, volver a conocerte.
Habrá, sin embargo, cosas tuyas que conserves.
Me interesa saber de tus lugares,
tus amigos, tan extraños a los míos
que hablan en otra lengua y buscan otros caminos.

Danbury, Hamden y Middletown,
Hartford y Meriden. Todos lugares
tan familiares a ti y a tus recuerdos.
A través de la sangre he vivido dos vidas,
múltiples vidas.

Letter to My Sister Who Lives
in a Foreign Land

> ...And I was sent south of the village of Wei
> —covered with little laurel arbors—
> and you to the north of Roku-hoku,
> until all we had in common were thoughts
> and memories.
> — "Letter from the Exiled One," Li-Tai-Po

I still remember our first games:
parades and paper dolls,
and Teresa, the doll we couldn't stand:
Teresa-are-you-able-to-come-and-set-the-table.

Life doesn't move backwards and I want to know you.
Re-know you.
That is, know you all over again.
Of course there will be things I'll recognize.
I'm interested in your special places,
your friends, so different from mine
who speak another language and follow other paths.

Danbury, Hamden and Middletown,
Hartford and Meriden. All those places
so familiar to you and to your memory.
In our shared blood I have lived two lives,
many lives.

Los cocoteros ya están cosechando en el jardín
y el verano tiene rojas las gencianas del cerco.
Son hermosos y azules estos días,
transparentes y frescos.
Mis lugares amados son también los tuyos.
Sobre miles de kilómetros mis palabras te tocan
como el pájaro que ahora veo posarse sobre un coco.

Prolongado ha sido el tiempo y la distancia.
Pero en uno de estos días luminosos
(los rosales están repletos de capullos)
O de aquellos más lejanos del invierno
(en todas las carreteras hay laureles florecidos,
marañones y mangos y corteces amarillos)
Con el último sol o en el primer aguaje
recogeremos los frutos
de la espera.

We're gathering coconuts in the garden now
and summer has turned the Gentians red on the fence.
These days are beautiful and blue,
clear and cool.
My beloved places are also yours.
My words touch you thousands of miles away
like the bird I see now, perched upon a coconut.

Time and distance have grown.
But one of these luminous days
(the rose bushes are covered with buds)
or one of those more distant winter days
(all the roads are lined with flowering Laurels,
cashews and mangoes and yellow Goldenrod)
with the last sun or the first downpour
we will gather the fruits
of our hope.

Solamente te digo

Hay felinas y bellas palabras
que se deslizan ondulantes
en la complicidad de la sombra

Puesto que has decidido amarlas
te escribo sólo para advertirte:
Nada será lo mismo, hecho como estabas
a nuestras palabras que cortaban el aire
con sus aristas puras. Cualquier pedazo
que recogieras podías darle vueltas
analizarle los ángulos y encontrarle
exactamente áreas y perímetros. Mas ahora
tu suelo tiene la blandura de las esponjas
y la penumbra es confortable

No te cortarás las manos porque hoy acaricias
voluptuosas y aterciopeladas formas.

Solamente te digo: ten cuidado. Todas las noches
certera garra se afila
detrás de los amarillos y fascinantes
implacables almendrados ojos

I'm Only Warning You

Beautiful feline words
expand and retract like snakes
in the complicity of their hiding places.

Since you have chosen them
I simply write to warn you:
Nothing will be the same, you
will not be able to retrieve our words
that pierced the air in honest angles.
Bits and pieces may come within your grasp
and you may retrieve them, turn them
over and over, analyzing surfaces and perimeters.
But where you walk is soft as sponge
and shadows feel like home to you.

Don't cut your hands
on caresses of voluptuous velvet.

I'm only telling you: be careful. Each night
a sure claw sharpens itself
behind a pair of almond-yellow eyes,
fascinating and implacable.

Cuando te vas por la mañana

Cuando te vas por la mañana
guardo mucho:
        tu sombra
dispersa en el dormido pliegue de la sábana
el silencio entrecortado de tu sueño
y la leve
        distraída huella
ingrávida en el aire
de tu beso.

When You Leave Each Morning

When you leave each morning
I keep so much:
                your shadow
scattered among the sleeping wrinkles
of the sheets,
the silent rupture of your dream
and the light distracted mark
in the tenuous air
of your kiss.

Cómo explicarte

No sé cómo explicarte ese revolotear
de semillas en mi vientre cuando te veo venir
o cuando ya te vas o cuando dices algo.
Y no logro ocultarlo porque siempre
hay millones de gritos diminutos
que recorren mi cuerpo y me traicionan.

How To Explain

I don't know how to explain
this flutter of seeds in my belly
when I see you coming
or when you leave or when you speak.
And I can't hide it
because there are always
millions of tiny screams
running through my body, betraying me.

Precisamente

Precisamente porque no poseo
las hermosas palabras necesarias
procuro de mis actos
                    para hablarte.

Precisely

Precisely because I do not have
the beautiful words I need
I call upon my acts
                    to speak to you.

Hemos ido juntando

Hemos ido juntando los días como palabras.
Luminosas palabras musicales, palabras oscuras,
palabras escuetas y tristes, palabras cerradas.
Palabras de todos los días, palabras-palabras
días-palabras

Hemos ido juntando los días como palabras.
Como pequeñas frases de sonidos extraños
buscándoles el sentido
hallándoles acomodo
en la canción inmensa
de este amor cotidiano.

We've Been Gathering

We've been gathering days like words.
Luminous musical words, dark words,
sad and solitary words, closed words.
Everyday words, word-days
and day-words.

We've been gathering days like words.
Little phrases of strange sounds
looking for their meaning
finding them a place
in the immense song
of this everyday love.

Para mi abuelo Vicente, desde Enero hasta su muerte

I

Tú y yo poseemos un marco de silencio
que nadie penetra
y en el que sólo platicamos
tú y yo.

Porque del mismo manantial brotamos
del mismo arbol, de la misma piel.
Y en el camino, de nuevo nos encontramos
y nos reconocimos.
Aunque había mucha gente y te llamaban
tú te quedabas sentado en la vereda y me esperabas.

Era yo muy pequeña cuando me encontraste
y a tu sombra, fresca como de sauce,
me cobijé y crecí tranquila.
Tus ramas se inclinaban flexibles como lirios
y detenías las lluvias, los vientos y las fieras.
Sólo la luz entraba filtrada entre tus hojas.

Hoy soy fuerte y a ti
se te han ido las hojas con el viento de Enero.
Pero no te aflijas, que ya he visto retoños
brotar entre tus ramas.
Pasará la sequía y cuando Mayo llegue
tus ramas estarán cubiertas de hojas tiernas.
Y de nuevo habrán lluvias y sequías y vientos . . .
Pero tu savia es fuerte
tendrás retoños nuevos
y tu sombra, fresca como de sauce,
rumorosa y flexible,
permanecerá viva para siempre.

30

For My Grandfather Vicente, from January to his Death

I

You and I hold a common frame of silence.
No one enters here,
only you and I
in shared conversation.

Because we come from a single spring,
one tree, the same skin,
on our journey we meet once more
and again we recognize the other.
Crowds called out
but you remained on the sidelines
waiting for me.

You found me young
and sheltered me
beneath your willow shade.
I grew at peace.
Your branches, lithe as lilies,
warded off the rains, the wind, wild animals.
Light alone filtered through your branches.

Today I am strong and your leaves
have fallen in this January wind.
Don't despair, for I have seen young buds
breaking among your branches.
The drought will pass and by May
a blanket of new leaves will cover you.
Again the rains will come, drought, wind...
but your sap is strong.
New shoots will appear, and your willow shade,
mellow and in renovated voice
                    will live forever.

¿Por qué te fuiste?

Los bambúes que sembraste a la orilla del camino,
los heliotropos y las gardenias preguntan por tí.
Los rosales te esperan y las gencianas dobles.
Los jazmines y las gemelas
la llama—del—bosque y las acacias
los mangos—enanos y los guanacastes
el laurel—de—la—India y los cardoncillos,
todos preguntan que cuándo regresarás.

El chilamate del patio adoquinado
cada día te espera con su sombra abierta
y la pitahaya no quiere florecer hasta que vuelvas.

Desde que te fuiste
las ranas ya no cantan en las noches de lluvia
y las quiebra-plata no brillarán más.

La fuente está oscura y callada,
tu cuarto desierto, tu hamaca vacía,
tu escritorio, tu sombrero, tu capote y tu mochila,
tu machete y tus botas,
todos están quietos y te esperan . . .

¿Por qué te fuiste?
¿Por qué dejaste todo lo que amabas?

¿Por qué?

II

Why did you go away?

The bamboo you planted by the side of the road,
your heliotropes and gardenias ask for you.
The rose bushes wait, and the Double *Gentians*.
Arabian Jasmine, *Llamas del bosque*
and the *Acacias*, Dwarf Mangoes, *Guanacastes*,
Indian Laurel and Mountain *Earthamus*
all ask when you'll be back.

In the tiled courtyard
the *Chilamate* waits for you, its shade full blown.
The *Pitahaya* refuses to flower 'till your return.

Since you left
the frogs no longer sing on rainy nights
and the *Quiebra-Plata* glows no more.

The fountain is silent in shadow.
Your room empty, your hammock idle,
your desk, hat, cape, knapsack,
machete and boots are listless, waiting...

Why did you go away?
Why did you leave what you loved?

Why?

III

Ahora quisiera regresar—inútilmente—
a los últimos días dolorosos
llenos de medicinas y visitas y voces
de instrucciones y horarios y angustia contenida.
Y de aquella esperanza—pequeña y persistente—
que ninguno decía pero que de algún modo
—no me explico por qué—
los dos guardábamos.

Quisiera regresar aún más todavía
a los días en que cogías contento tu machete
y te ibas muy temprano a ver los animales
y la penca y todos los detalles de la finca.
Y a la hora del almuerzo nos contabas
de los recién nacidos terneros
de la nueva presa de la finca en Boaco
y de la posible compra de guapotes y camarones
para llenarla.
De las latas de miel que había que embotellar
y de la siembra de naranjas y mandarinas
de la cosecha y de las lluvias
y de la tierra, que tanto amabas
porque tú la habías trabajado con tus manos.
Y después sentados en el corredor
platicábamos viejas historias en el frescor de la tarde.

Pero más que todo eso quisiera
regresar hasta los más antiguos días
aquellos en que me diste el mote de "hoja-chigüe".
—por fregar tanto—
y me dabas volantines en las camas
y por las noches
me hacías ejercicios de lectura en los periódicos.

Now that it cannot be, I long to return
to those last painful days
filled with medicines and house calls,
voices, instructions, schedules,
and checked anguish.
Days when the two of us—don't ask me why—
played with our hope: minute, persistent.

Better yet, I long for those other days
when you grasped your *machete*,
glad to be out early, take a look
at your animals, the fields, and every detail
of your farm.
Over lunch you would speak of just-born calves,
the new reservoir at the Boaco ranch
and the *guapotes* and shrimp you'd stock it with.
You'd talk about filling the honey jars,
planting oranges and mandarins,
the harvests and the rains.
You'd speak of the earth you loved
because you'd always worked it with your own hands.
Then, we would sit on the long porch
telling old stories in the cool evenings.

How I long to return to our earliest times
when you called me *Hoja-Chigüe*
for pestering you, and the name stuck.
When you tossed me in the air—our bedtime circus games—
and taught me to read from the daily paper.

Y despúes me acostaba y soñaba los juegos
que juntos jugaríamos la siguiente mañana.

IV

En realidad lo más terrible de tu muerte es
aquello de llegar a la casa y no encontrarte.
Aquella persistencia del vacío
que no importa lo que me esfuerce
sé que allí está y que además
nunca habrá manera posible de romperlo.

V

Hoy regresó la lluvia, la misma lluvia de antes.
El zacate está verde y el camino lodoso.
Y todo como siempre pero nuevo y distinto,
igual y distinto.

Porque es la antigua lluvia que vuelve
como tú que te fuiste y estás aquí conmigo
(Porque se puede estar y no estar al mismo tiempo)
Y has estado siempre y seguirás estando
como la lluvia de hoy que es de ayer y mañana
que ha sucedido siempre sin final ni principio
y nadie sabe cuándo fue el primer aguacero.

I would sleep and dream of the games
we'd play when morning came.

IV

The worst of your death
is coming home to your absence,
that persistent emptiness
no matter how I try to wish it away.
I know it will never leave.

V

Today it rained again, that familiar rain.
The grass is green, the road muddy.
Everything is as it was, but new and different,
the same but different.

Because it's the ancient rain
that returns like you
who have gone but are here with me
(one can be present and absent
simultaneously).
You have been and will always be
like today's rain
which is yesterday's and tomorrow's,
the rain that has always been
without end or beginning —
no one knowing when the first rain fell.

El final

Y tenazmente seguimos buscando los recovecos
adivinando señas queriendo llegar primero al
final del cuento cuando lo verdadero lo único
lo cierto es que no hay no existe no lo sabre-
mos nunca.

The End

Tenacious, we keep on searching corners
reading signs wanting to be the first
to reach the end of the story when
what's real what's true what we know
is there is no end it doesn't exist
we will never get there.

Cuando regresemos

Cuando regresemos a nuestra antigua tierra
que nunca conocimos
y platiquemos de todas esas cosas
que nunca han sucedido

Caminaremos llevando de la mano niños
que nunca han existido

Escucharemos sus voces y viviremos
esa vida de la que tanto hablamos
y nunca hemos vivido.

When We Return

When we return to the land of our birth
the one we never knew
and speak of all those things
that never happened

we will walk hand in hand
with children never born

we will listen to their voices
and experience the life
of which we've spoken so often
but never lived.

Canto de esperanza

Algún día los campos estarán siempre verdes
y la tierrra será negra, dulce y húmeda.
En ella crecerán altos nuestros hijos
y los hijos de nuestros hijos...

Y serán libres como los árboles del monte
y las aves.

Cada mañana se despertarán felices de poseer la vida
y sabrán que la tierra fue reconquistada para ellos.

Algún día...

Hoy aramos los campos resecos
Pero cada surco se moja con sangre.

Song of Hope

One day the fields will be forever green
the earth black, sweet and wet.
Our children will grow tall upon that earth
and our children's children...

And they will be free like mountain trees
and birds.

Each morning they will wake happy to be alive
and know the earth was claimed again for them.

One day...

Today we plough dry fields
though every furrow is soaked in blood.

Comandante Dos

Dora María Téllez
            de 22 años
Menuda y pálida
de botas, boina negra
el uniforme de guardia
            muy holgado.

Tras la baranda
yo la miraba hablar a los muchachos
bajo la boina la nuca
            blanca
y el pelo recién cortado.
(antes de salir, nos abrazamos)

Dora María
la aguerrida muchacha
que hizo temblar de furia
el corazón del tirano.

Commander Two

Dora María Téllez
                    twenty-two years old
slight and pale
in her boots, her black beret,
her enemy uniform
                    a size too large.

Through the banister rails
I watched as she talked to the boys
the nape of her neck
                    white beneath the beret
and her freshly-cut hair.
(before they left, we embraced)

Dora Maria
young warrior woman
who caused the tyrant's heart
to tremble in rage.

de EN LIMPIO SE ESCRIBE LA VIDA, 1988

from CLEAN SLATE, 1988

Mi prima Mercedes

Aquella primera carta que le escribí
fue como guardar una brasa en mi bolsillo.
Cada vez que la encontraba
quería dársela,
pero yo temblaba y enmudecía.
Y mi mano, entumida y húmeda
palpaba la carta.

Después de leerla y releerla
decidí romperla y escribí otra
más moderada
pero también corrió la misma suerte.
Luego escribí muchas otras
que ni siquiera supo que hubieran sido escritas
y jamás se las entregué.
Y otras, que ya nunca pude escribir
ni podré.

Mi amor por aquella muchacha del pueblo
morena y algo gordita
                    era un tesoro
que no me atrevía a confiar ni a ella,
a María de las Mercedes Sandino;
como se llamaba mi prima.

My Cousin Mercedes

That first letter I wrote her
was a red hot ember burning my pocket.
Whenever I came upon it
I wanted to give it to her
but trembled instead, mute,
my numbed and sweaty hand
only fingering the letter.

Reading and rereading it
I decided to tear it up
and write another, more moderate,
but the same thing happened.
Later I wrote many others
she never knew existed,
undelivered as the first.
And yet others I could never write
nor will I.

My love for that country girl,
dark-skinned and a little plump,
was a treasure
I didn't dare confide even to her,
to Maria de las Mercedes Sandino,
as my cousin was called.

Reflexión sobre mis pies

Tengo los pies de mi padre:
delgados, largos, pálidos pies de venas azulosas;
                    huesudos pies de hombre
distintos de los pies de mis hermanas
        redondos, suaves,
                    leves pies de mujer.

Mis pies estrechos como espátulas
que usaron calcetines y zapatos escueleros
traficaron corredores, algarabías de clases y recreos;
estrenaron medias, sandalias finas, charol, gamuza
y los primeros tacones de los bailes.

Alguna huella habrá quedado de estos pies
en el sitio del combate.
                    Algún rastro
en las empinadas calles sube-y-baja de Tegucigalpa,
oscuras en la noche o desiertas de madrugada;
en las siempre húmedas avenidas de San José
                    al cambio de luz en los semáforos;
en el caramanchel de la clandestina Radio Sandino,
en los buses, las ventas, las comiderías, los mercados,
las casas de seguridad
                    en el hospital clandestino.

Se reivindicaron mis pies con mocasines,
zapatos tennis y botas
                    chapaleando charcos
con el bluyín, la camisa y el pelo eternamente húmedos
—el exilio es un recuerdo mohoso y catarriento—

Reflecting Upon My Feet

I have my father's feet:
long and slender, pale and with bluish veins,
                    the bony feet of a man.
They are different from my sisters'
                    smooth, round, small and womanly feet.

My feet, narrow as spatulas
wearing school-day socks and shoes,
transiting halls, the bustle
of classroom and recess, began to sport
stockings, delicate sandals,
patent leather and kid,
the first high heels of proms.

Some print must remain
of those embattled feet.
Some mark
on the steep streets of Tegucigalpa,
dark at night or empty at the break of day,
along the ever humid avenues of San José,
at a blinking traffic light,
in Radio Sandino's clandestine hut,
on buses, in corner stores, in eateries and markets,
safe houses, and that underground hospital.

My feet reclaimed themselves in moccasins,
boots and tennis shoes, wading through puddles,
in blue jeans, my shirt and hair eternally damp.
Exile is a musty memory of constant colds.

Miro estos pies que ahora caminan libremente
con sandalias, tacones o botas de miliciana.
El hueso del empeine lo tengo de mi abuelo
y ya no sé desde cuándo vendré caminando
sembradas las plantas de mis pies

                en esta tierra nuestra,
esta tierra de todos, entregada a todos
para construir con ella

                el futuro de todos.

I look at these feet that now walk freely
in sandals, heels, or Militia boots.
I have my grandfather's instep
and can no longer be sure how long
my soles have walked this earth of ours,
this earth belonging to all, given to all,
to construct a future for us all.

Lamento

¿Para qué ojos si ya no puedo verte?
¿Para qué manos tocando el vacío?

¿Para qué vida?

Lament

Why have eyes if I can no longer see you?
Why hands caressing emptiness?

Why life?

El rayo de sol

¡Cómo envidio ese rayo de sol
que se posa en tu espalda
sin interrumpirte el sueño!

Tu piel, al toque de la luz
dorada, resplandece
en la penumbra y humedad
           de esta mañana.

Sunbeam

How I envy that sunbeam
perched upon your shoulder
without interrupting your sleep!

Your skin, touched by its golden light,
glistens in the damp shadows
of this morning.

Hasta las últimas consecuencias

Mi corazón es combatiente
a tiempo completo:
No hay cerco que valga y no pueda romper
aunque muera en la defensa
de nuestro territorio.

To the Last

My heart
is a full-time fighter:
There is no ambush
it cannot break
though it die in defense
of our territory.

Fiel al corazón

No era yo la esposa que se perfuma para recibir al esposo
                                        ausente,
ni era la mujer que finge y después saca bajo las almohadas
                        los puñales y cuchillos,
pero yo lo conduje a la bañera sacrificial,
yo me lo llevé entonces, viajero que retornaba, a la cama.

Yo era una mujer llorando por ella, por él
y por el otro hombre que después de tanta desolación
había hecho retornar el amor a la casa.

Los dos habíamos visto cómo el rostro del Amor se agrietaba,
cómo el tiempo y los actos arrugaban, arrebataban los
                        encantos al rostro del Amor.

Los dos sabíamos cómo los pilares del tálamo se tambaleaban
y nuestras cercanías se habían transformado
en una guerra sin muertos ni sangre, quizá sólo con dos heridos
sin derrotados ni triunfadores, sino con dos vencidos.

Balbuceante de culpa, entre lágrimas, logré explicar apenas
                        lo que pasaba.

Pero sordo a mis súplicas, quiso recuperar, resucitar
                al Amor que yacía a nuestros pies como un hijo muerto:
perdido para siempre y siempre evocado.

Faithful to the Heart

I wasn't the wife who perfumed myself to receive my absent
husband,
nor the woman who pretended, later producing daggers and
knives from beneath her pillow.
I led him to the sacrificial waters, yes,
I took that returning traveler to bed with me.

I was a woman who cried for herself, for him
and for that other man who after such desolation
brought love into her home once more.

We two had watched Love's face as it cracked and scarred,
how the years and all we've done
crushed it and tore away at its delights.

We two knew how unsteady the bridal bedposts were,
how our being with one another had changed, become
a war without dead nor even blood, two wounded alone,
neither defeated nor victors,
simply two who'd been beaten down.

Stammering in guilt and tears, I was barely able
to explain what was happening.

But deaf to my pleas, he tried to retrieve, to revive
the love that lay at our feet like a dead child:
lost forever and forever evoked.

Qué no hizo. A qué no recurrió: acogió a mis amigos que tanto
            le desagradaban,
los invitó a su casa, los sentó a su mesa.
Sus hermanas me escribieron largas cartas...
Sus padres con algún amor me encadenaban
y él, él mismo tratando de convencerme,
de hacerme creer que el hastío era afecto,
el descuido, confianza, y el dominio, amor.

Y, Fiel al corazón, desoí consejos y pronósticos aciagos
y aunque lloré al contemplar el reino en escombros
y el deseo de volver a veces hiciera flaquear mi voluntad,
            di mi rostro y mi cabellera al viento.

Todos se apresuraron a cerrar filas: la familia, en primer lugar,
            lamentando el ultraje (Se invocaba al honor)
los amigos evadían discretamente el saludo
y muchos hombres cambiaron: unos, conocidos por señores
            respetables se volvieron insinuantes,
otros, más atrevidos, me acosaban abiertamente pero me
            esquivaban en público
y prohibieron a sus mujeres mi cercanía.

Ellas estando con sus maridos me evitaban, pero a solas
me saludaban y hasta con cariño y otras se atrevieron a
            reconocer su cobardía,
confiándome lo insoportable de sus vidas y sus amores
            prohibidos o desgraciados.

Sólo fiel al corazón sopló, sopló toda adversidad
pero se llegó a algún puerto donde el oleaje no me deja de azotar.

What didn't he do. To what lengths would he not go:
he embraced my friends who displeased him so,
invited them home and seated them at his table.
His sisters wrote me long letters,
his parents shackled me with what love they could,
and he himself kept on trying to convince me,
to make me believe that loathing was affection,
negligence was trust, and domination love.

Faithful to my heart, I shut my ears to advice
and sad predictions,
and although I cried when I saw the kingdom turned to rubble,
and my wish to return sometimes weakened my resolve,
I turned my face and hair to the wind.

Everyone hastened to close ranks: first the family,
        lamenting outrage (invoking the name of honor),
friends discreetly stopped saying hello
and many men changed: some, known as respectable gentlemen
                became insinuative,
others, braver, pursued me openly but shunned me in public
and forbid their wives my friendship.

The wives avoided me when their husbands were around
but greeted me affectionately when alone.
Some dared to recognize their cowardice,
confiding in me their unbearable lives,
their forbidden or unfortunate love affairs.

Faith to the heart alone chased all adversity,
but brought me to a port where the waves still lash and sting.

Fiel Ama de Casa

Todo terminó con la Luna de Miel:
Azahares, cartas de amor, llantos pueriles.

Ahora reptas a los pies de tu señor:
Primera en su harén,
tomada o abandonada según capricho.
Madre de los hijos de su apellido
oreando tu abandono
          junto al tendedero de pañales,
estrujando tu corazón
          hasta despercudirlo en la ropa blanca.
Acostumbrada al grito, a la humillación
de la mano servil ante la dádiva,
Mujer arrinconada
          Sombra quejumbrosa
con jaquecas, várices, diabetes.

Niña guardada en estuche
que casó con primer novio
y envejeció escuchando el lejano bullicio
                         de la vida
          desde su sitial de esposa.

Loyal Housewife

Everything ended with the Honeymoon:
the orange blossoms, the love letters,
the childish weeping.

Now you crawl at your master's feet,
first in his harem,
taken or abandoned according to his will.
Mother of children who bear his name,
bemoaning your lot
      beside a clothesline heavy with diapers,
wringing your heart
      until it is purified in sheets and towels.
Accustomed to the shouts, the humiliation
of a hand held out for crumbs.
A woman cornered, a plaintive shadow
suffering migraines, varicose veins, diabetes.

A young girl kept for show
who married her first boyfriend
and grew old listening to the distant song of life
      from her place of wifely honor.

Emilia, la enfermera

Cuando supe la desgracia
yo estaba en Tulane terminando mis estudios.
¡Tan bonita que estaba ya la finca
con 40 mil cafetos olorosos
blanqueando en las montañas como novias
temblorosas en la brisa húmeda de la madrugada!
Y los marinos arrasaron el cafetal,
destazaron las reses, quemaron las casas
y torturaron hasta la muerte a mis hermanos
frente a mi pobre viejo. ¡Eso lo mató!
Y todo, por sospechas que fueran sandinistas.

En cuanto pude, me vine por Honduras
al campamento *Luz y Sombra*
con la mochila y la caja de instrumentos a cuestas.
A veces, hasta con el rifle de algún soldado herido
y siempre con la vida en un hilo.
Yo no digo que no haya gente buena
en Estados Unidos
pero a estos salvajes marinos
hay que matarlos, sin darles tregua ni descanso.

Ya no tardo en volver a mi propiedad
a resembrar el pasto, los cafetos
y comenzar de nuevo la crianza de reses.

Nada me llevo, sólo estas botas
que ando bien puestas,
y este lindo revólver
regalo de Doña Blanquita.

Emilia, the Nurse

When I learned of the disaster
I was at Tulane finishing up my studies.
The plantation was so pretty then
with forty thousand fragrant coffee plants,
gleaming in the hills like young brides
trembling in a misty breeze at dawn!
The marines leveled the coffee,
quartered the cattle, set fire to the houses
and tortured my sisters and brothers to death
in front of my poor father. They murdered him!
And all because they suspected they were Sandinistas.

As soon as I could I entered by way of Honduras,
arrived at the camp called *Light and Shadow*
with my knapsack and instrument case on my back.
Now and then with some wounded soldier's rifle
and always on the brink of perishing.
I'm not saying there are no good people
in the United States,
but those savage marines:
we can't allow a one of them to live.

Soon I will reach my property,
    resow the pastures, plant coffee again
    and begin once more to raise cattle.

I bring nothing with me,
        only these well-fitting boots
        and this beautiful revolver,
        a gift from my dear Blanquita.

Otilia planchadora

Al ritmo de la Sonora Matancera
Otilia pringa la ropa,
la dobla en grandes tinas de aluminio
                y panas enlozadas,
la estira sobre la mesa
y no sé si baila o plancha
                al son cadencioso.

"Los aretes que le faltan a la luna..."
Otilia los llevó puestos al baile
                del Club de Obreros.

(Ella tenía novio de bigotito)

Otilia, frutal y esquiva,
entallada por el vestido
bailó, bailó, hasta que se humedecieron
oscuros sus sobacos entalcados.

En la barraca del fondo
—bodega de tabaco, cuarto de planchar,
albergue del relente de las noches
que refresca las tardes de verano,
Otilia guarda su plancha.
Sueña que Bienvenido Granda
                y Celio González
cantan para ella *Novia mía*
mientras se pringa la cara con lágrimas.

Otilia, the Ironing Woman

Otilia sprinkles the clothes
to the beat of *Sonora Matancera*,[1]
folds them in great aluminum tubs
                and enameled pans,
she lays them out on the table and
I don't know if she's dancing or ironing
                to that rhythmic *son*.

"The moon's lost earrings..."
Otilia wears them to the dance
                at The Workers Club.

(Her honey had one of those little mustaches)

Otilia, ripe and coy,
her dress molded to her body,
danced until her powdered armpits
ran with sweat.

In the tobacco house out back
where she takes shelter from those showers
that refresh her summer evenings,
Otilia keeps her iron.
She dreams Bienvenido Granda and Celio González
singing *My Sweetheart* just for her,
and her face is sprinkled with tears.

[1] Famous oldtime Cuban music group.

La mesera (3)

Con delantal y uniforme
como las otras
pasa todo el día atendiendo órdenes:
"Dos cervezas, un coctel de camarones;
la malteada de chocolate
    un banana split,
         un arcoiris."

De un extremo a otro de la barra
sirve agua, pica hielo,
prepara dos vasos de té al mismo tiempo.
Abre el congelador, saca el helado
mezcla leche, destapa cervezas;
arregla el coctel, tira las tapas al suelo,
coloca todo sobre la barra y sirve.

Parece igual a las otras
pero es distinta:
    resplandece
cuando el novio atisba
tras la puerta de vidrio
    de la cafetería.

Waitress (3)

Uniformed and wearing an apron
like the others
she fills orders all day long:
"Two beers, one shrimp cocktail,
the chocolate shake,
   a banana split,
      a rainbow."

From one end of the bar to the other
she serves water, crushes ice,
prepares two glasses of tea at the same time.
She opens the refrigerated counter,
takes out the ice cream,
adds milk, opens beers,
fixes the cocktail, tosses the caps to the floor,
places everything upon the bar and serves.

She seems like all the others
but she's different:
when her boyfriend watches
from behind the cafeteria's glass door,
she beams.

La estrella de Teresa

Mi verdadero nombre es Teresa Villatoro Dupont
—el apellido Espinal es puro invento
de un periodista mexicano—
                    Me reí mucho
al leer mi falso apellido en los periódicos:
            Espinal, Espinal ¡Espinales!
Espinas son las que aquí nos hacen sangrar los pies.
Espinas han sido las noches en la montaña,
los días asándonos bajo el tórrido cielo,
las tolvaneras, los piojos, las garrapatas,
        los combates, los aguaceros,
el viaje a México, la sed calmada con bejucos
                        de agua,
el hambre, la perenne amenaza de los aviones yankis.

Esas han sido espinas. Espina ha sido él metido
                en mí
desde que lo conocí en mi hotelito allá
                en el mineral de San Albino.
Espina que no me puedo sacar en cuatro años.
Teresa Espinal, espinas;
            espina es esta cicatriz que me gané en El Chipote
                en un bombardeo
        y que él dice que es mi estrella.

Teresa's Star

My real name is Teresa Villatoro Dupont
—Espinal is a last name
    invented by a Mexican journalist—
        I laughed
when I read my false last name in the papers:
    Espinal, Thorn, Thorns!
Here thorns are what cut our feet and make them bleed.
Long mountain nights have been thorns,
and days scorched beneath a torrid sky,
the dust clouds, the fleas, the cattle ticks,
    the battles, the rainstorms,
the trip to Mexico, calming our thirst
        on the leaves of plants,
hunger, and the constant menace of Yankee planes.

These have been the thorns. He has been a thorn
        thrust into me
since the time I met him in my small hotel
        at the San Albino mine.
A thorn I haven't been able to remove in these four years.
Teresa Espinal, Thorn, thorns—
    a thorn is this scar I got
        when they bombed El Chipote,
the one he calls my star, my destiny.

Querida tía Chofi

—a Adilia Moncada

No eras la tía Chofi del poema de Jaime Sabines,
pero también te llamabas Sofía, Chofi.
Vos, la rebelde desde chiquita,
la que se casó contra todo el mundo
pero con su hombre. Aunque la vida
después resultara un purgatorio e infierno
hasta que Guillermo terminó desnucándose borracho
para tu descanso. Y concluiste
otro capítulo de tu vida
que yo te escuchaba contar, fascinada
mientras hacías escarchas de azúcar de colores
que secabas al sol en láminas de vidrio.

Artesana, Imaginera, Panadera, Decoradora,
poblaste tu mundo de enanos, Blancanieves,
Cenicientas, Niñas de 15 años,
Parejas de Primera Comunión, Casamientos
Tiernos de Bautizo,
entre tules, perlas, filigranas,
ramilletes, cintas y lazos de pastillaje.

Los sacuanjoches sacados de panas de agua
se convertían en tus manos en coronas,
diademas y cetros frescos
—efímeros símbolos de efímeros reinados.
Los mediodías eran la penumbra de tu cuarto
contra el solazo. Tu aposento lleno de pinceles,
óleos, moldes de yeso,
caballetes, lienzos, bastidores,
santos de bulto a medio retocar,
y en medio del caos, tu cama eternamente desarreglada.

Dear Aunt Chofi

You weren't the aunt Chofi of Jaime Sabines'[1] poem,
but your name was also Sofía, Chofi.
A rebel from birth
you insisted on marrying against all entreaties
but your man. Even though life later became
a purgatory, a living hell
until Guillermo ended up breaking his neck
while drunk, to your relief.
So ended another chapter in your life
and I listened to you tell it,
fascinated as you dried your colored sugar frosting
on panes of glass in the sun.

Artisan, maker of religious images, baker, decorator,
you peopled your world with dwarfs, Snow Whites,
Cinderellas, adolescent coming out parties,
first communion duos, weddings,
tender baptismal figures,
among the tulle, the pearls and filigree,
bouquets, glittering ribbons and bows.

Cacalosuchil blossoms lifted from pans of water
became crowns in your hands,
diadems and magic wands
—ephemeral symbols of ephemeral kingdoms.
Noontime was the cool shade of your room
against a scorching sun.
Your habitat filled with brushes,
oil paints, plaster molds, easels,
canvases, canvas stretchers, statues of saints
in the process of coming alive,
and in the midst of all the chaos,
your eternally unmade bed.

[1] Mexican poet.

Habladora, Conversadora, platicabas mientras ibas
fumando cigarrillos,
encendiendo uno con la colilla del otro
hasta dejar tu cuarto como un cenicero lleno
de colillas retorcidas y fragante a tazas de café,
miel, azúcar, harina, claras de huevo,
trementina, aceite de linaza,
sábanas viejas.

Amazona admirable en tus fantásticas hazañas:
(amarraste al ebrio de tu marido,
te amaste con el primer Gurú legítimo de la India
que pasó por Managua).
Curandera, hacías medicinas, jarabes y pócimas terribles
que nos obligabas a beber
contra todas las enfermedades posibles.

Recorrías Managua bajo aquel solazo
con tu cartera repleta de chunches,
el pelo alborotado
y la eterna brasa entre los labios.

Qué necesidad, qué desgracia no ayudaste:
Partera, Enfermera,
alistabas muertos, atendías borrachos,
defendías causas perdidas desde siempre
y en todas las discusiones familiares
gobernaba tu figura desgarbada.

Siempre en tránsito, viviste
en cuartos alquilados,
te salvaste de milagro en los terremotos
y cualquier persona soportó cualquier barbaridad tuya.
Te peleaste hasta con la guardia
y fuiste a parar al exilio de México.

Always talking, conversing,
you'd go on about this and that
as you smoked your cigarettes,
lighting one with the butt of the last
until your room was an ashtray
overflowing with twisted stubs and fragrant cups of coffee,
honey, sugar, flour, egg whites, turpentine,
linseed oil, old sheets.

Admirable Amazon in your fantastic feats:
(you tied your drunken husband up and fell in love
with the first legitimate guru from India
to pass through Managua).
Witch doctor, you mixed medicines,
syrups and terrible potions you made us drink
against all possible diseases.
You made the rounds of Managua beneath that sun
your bag always filled with odds and ends,
your hair every which way
and that eternal ember between your lips.

What need, what misfortune didn't you succor:
midwife, nurse,
you laid out corpses, attended drunks,
defended all lost causes
and in every family argument
your gawky figure ruled.

Always in transit, you lived
in rented rooms,
miraculously saved yourself in earthquakes
and everyone put up with your excesses.
You even fought with the Guard
and ended up exiled in Mexico.

A veces, con tus manos pequeñitas y regordetas
de puntas afiladas, como manos de bebé
o como palmeritas de abanico en miniatura,
te arreglabas el pelo entrecano
con una onda sobre la trente
y en ese gesto rápido, fugazmente
se vislumbraba tu antigua gracia.

Porque un día de verdad que fuiste hermosa,
morena y altiva.
Nada tenía que ver esa joven con vos misma:
Oveja Negra, Paja en ojos ajenos,
Vergüenza de tu única hija
—que a pulso enviaste a estudiar a México—
y de allí saltó a Pittsburgh, a New York,
y recorrió Europa acumulando becas
y títulos académicos
con nostalgias de supuestos linajes
para borrarte, para no vene,
para no tener que sufrirte.
¡Ah! pero vos te llenabas la boca con su nombre.

La mañana antes de tu muerte
estuviste igual que siempre, gritona y bocatera
sólo que te quejaste
de mucho malestar en los riñones.
(Tu hija supo la noticia en Buenos Aires).

Vos que me contabas de tus trances en el espejo,
tus reencarnaciones
—múltiples vidas de las que recordabas
incontables anécdotas:
(En una de tus vidas fuiste una niña que murió
recién nacida, en otra, un hombre aventurero...)

Sometimes you'd pat your graying hair in place
with chubby little fingers, like the tips
of baby's fingers or miniature *palmerita* fans,
touch that wave over your forehead
and in that brief gesture, fleetingly,
one glimpsed your younger grace.

Because truly, once you were beautiful,
dark haired and proud.
That young woman had nothing to do with who you were:
black sheep, a thorn in the eyes of others,
shame of your only daughter
—you slaved so she could study in Mexico—
who went on to Pittsburgh, New York,
traveled through Europe
accumulating scholarships and academic titles
with the nostalgia of a supposed lineage
so she could erase you, wouldn't have to see you,
wouldn't have to suffer you...
Oh, but how her name sounded on your lips!
The morning before your death
you were the same as ever,
vociferous and loud-mouthed,
only complaining of great pain
in your kidneys.
(The news reached your daughter in Buenos Aires.)

You, who told me about your perils in the mirror,
your reincarnations—many lives
from which you remembered
innumerable anecdotes:
(In one you were a little girl who died
at birth, in another an adventurous male...)

¿En qué vida estás ahora
que ya no te llamás Sofía,
            Sabia, Sabiduría,
ahora que te llamás huesos, madera desvencijada,
podredumbre, tierra vegetal,
humus, fosa, oscuridad,
                    nada?

Ahora que ya no estás, que ya no existís
quizás te reconozcás
                en este espejo.

What life is yours today
in which you are Sofía no longer,
   Wise Woman, Wisdom,
now that you answer only to bones,
disjointed wood, decay, vegetal earth,
humus, grave, darkness,
      nothing?

Now that you no longer exist, exist no longer,
perhaps you recognize yourself
      in this mirror.

Afeites de la muerte

—*a Nora Astorga*

Ahora querés apartar la muerte con un ademán
como espantando una mosca real o imaginaria.
Ya te sabés el desahucio: el diagnóstico, la biopsia positiva
las señales inequívocas.
Pero seguís haciéndote como que no las ves
ignorando lo sabido deliberadamente,
hablando de asuntos superfluos/ frivolidades.

Esa mascarilla, su falsa tersura:
rosa escarchado en tus mejillas,
perfumado borgoña humedeciendo tus labios,
relámpagos de azul y oro sobre los párpados
son los límites del milagro/ Pero tras los cosméticos
está Ella,
remontando a través del lienzo
las capas de pintura que se cuartean y desprenden.

Profundizás el juego y todos te seguimos cortesmente/
complicidad crispada/
con la vista oscurecida por el siniestro resplandor.

Cómo quisiera verte en otros tiempos
como en aquella foto que recorrió el mundo:
(Encarnación del futuro, Esperanza viva en verde-olivo).

Death's Makeup

—to Nora Astorga[1]

Now you turn death away with a flick of the wrist
as if swatting some real or imagined fly.
The eviction notice has come: diagnosis
and biopsy results are in,
no longer any doubt.
Yet you go on as if you haven't heard the news,
ignoring the deliberately understood,
speaking superfluous language, frivolous words.

Your mask, its false polish,
frosted pink upon your cheeks,
perfumed burgundy moistening your lips,
flashes of blue and gold streaking your lids:
the outer limits of this miracle.
Beneath cosmetics: Death
surfaces on a pentimento canvass
through layers of paint that crack and flake.

You move deeper into this game and we follow your lead:
courteous, our convulsed complicity,
sight blurred in sinister light.
How I long for your image from other times
that photo circling the world:
future incarnate, hope alive in olive green.

[1] Nora Astorga was a lawyer and Sandinista combatant who was the nation's Special Attorney General charged with trying Somoza's National Guardsmen who remained in the country when the FSLN took power in 1979. Later, she headed her country's permanent delegation to the United Nations, and was a brilliant political and diplomatic leader during the worst years of the *Contra* war. Already fatally ill with cancer, she returned to Nicaragua where she died in early 1988.

Contabilizo la memoria
como el avaro atesora miserables monedas:
La infancia que compartimos de abuelas hacendosas
y ceremoniosos abuelos de lino y jipijapa
que nos soportaban con benevolencia y ternura.
La adolescencia plagada de equívocos y fantasías;
la edad de las conspiraciones, de los contactos
                de ser la carnada del operativo,
el desarraigo y el exilio como precio de la acción;
después, hombres amados/ hijos/ desgracias mutuas.

¿Qué no cambiarías ahora por la vida?
Pero ya no me atrevo a preguntarte nada
como si no tuvieras angustias ni pesares.
Desafiante, como un James Dean
en tu traje tachonado de estrellas
lleno de zípperes metálicos
tu cuerpo rebelde, ya en su funda/
                negándose a la muerte.

I rake through memory
like a miser counting her miserable coins:
the childhood we shared
our diligent grandmothers, ceremonious grandfathers
in linen and Panama hats, benevolent and tender.
Adolescence plagued by ambiguous fantasies,
age of conspiracy, of contacts, carnage for the operative,
absence and exile the price we paid for action.
Later, our beloved men, our children, sister grief.

What wouldn't you now give
for life?
But I do not dare pose the question
stayed by your pretense: neither anguish nor regret.
Defiant, a James Dean
in your gown adorned with stars
replete with its metallic zippers
your rebel body, already in its shroud
denying death.

Campo arrasado

La maleta de su ropita que guardé con tanto
                        cuidado,
la niña que cruza la calle en brazos de su
                        madre,
o la visión efímera de una mujer preñada
                        esperando bus.

Cualquier encuentro/ Chispa/ Desata la
                        hoguera
de este desprevenido corazón: zacate seco,
                        yesca
que se reduce a cenizas humeantes, a
                        campo arrasado.

A Leveled Field

The suitcase filled with infant's clothes
I kept so carefully,
the little girl crossing the street in her mother's arms,
or the ephemeral sight of a pregnant woman
waiting for a bus.

Whatever meeting/ Spark/ Lights the fire
of this heart caught unaware: dry hay, tinder
reduced to smoking ashes, a leveled field.

Al parto

*¡Ah, dice, cómo en el cristal diviso
a lo que más eterno resplandece,
puede ser escarmiento de ceniza!*
                    —Luis de Sandoval Zapata

Desperté con aquellos espasmos.
Desde mi vientre llamaban hacia afuera.
Sólo el dolor iba expandiéndose y replegándose
como un oleaje cada vez más agitado.

Me levanté ya con torpeza
abarcando con mis brazos el océano;
sosteniendo, abrazando aquel inmenso corazón
convulso y expectante
              hasta alcanzar la ducha matinal
porque ya rompían las aguas: la fuente.
Se dejaba venir el torrente incontenible de la vida.

Pero ya frente al espejo
al peinarme el pelo
empapado, chorréandome sobre las clavículas,
vi mis ojos inmersos en pura transparencia
su verde translúcido de iris resplandeciente
sobre las ojeras, los altos pómulos, la frente comba,
como si tras la piel, mi propio cráneo
me enfrentara con el rostro de la muerte.

Going to Give Birth

Ah, he says, how I can see
in the glass that which shines
forever, a warning of ashes!
                    —Luís de Sandoval Zapata

The contractions woke me.
From my womb something called out.
Only the pain expanded and retreated,
in ever more ferocious tides.

Heavily I rose
holding the ocean in my arms,
bearing, embracing that great heart
convulsed, expectant,
until I reached the morning shower
my water breaking, a fountain.
And then the torrent of life could not be stopped.

As I stood before the mirror
and combed my hair,
I was soaked, water drenched my clavicles,
and I saw my eyes immersed in pure transparency.
Their luminous irises translucent green
above dark circles, high cheekbones, vast forehead,
as if beneath my skin a skull returned my stare,
death's face.

Era una escuadra desperdigada
(Septiembre de 78)

Nadie quería cruzar aquel campo quemado.
(Las cenizas plateadas y algún destello rojo
                de las últimas brasas).
Te tiraste de primero y tu cuerpo se miraba oscuro
                contra lo blanco.
Escondidos en el monte los demás esperábamos verte
                        alcanzar la orilla
para irnos cruzando.

Como en cámara lenta lo recuerdo:
el terreno inclinado, resbaloso, caliente
la mano agarrada al fusil
                el olor a quemado.
El ruido de las hélices
de vez en cuando, ráfagas.

Tus botas se enterraban en lo blando
y levantabas un vaho blanquecino
                a cada paso.
(Debe haber sido un tiempo
        que se nos hizo largo)

Todos los compañeros, Dionisio, te mirábamos
nuestros pechos latiendo inútilmente
                bajo la luna llena.

It Was a Ragged Squadron
(September, 1978)

No one wanted to cross that burnt field.
(Those silver ashes with a red spark or two
      from the final embers.)
You went out first and your body looked dark
      against the white.
Hidden in the brush, we others waited
          until you made it to the other side,
then followed you.

I remember it in slow motion:
the sloping terrain, slippery and hot,
your hand around your weapon,
      the stench of fire.
The sound the propellers made,
sporadic bursts of gunfire.

Your boots sank into the pliant earth
and you raised a whitish mist at every step.
(Time must have slowed down for us.)

Dionisio, all the comrades watched you,
our hearts beating uselessly
      beneath the full moon.

Radio Sandino

—ESTA ES Radio Sandino/
        Voz de la Liberación de Nicaragua
Voz Oficial del Frente Sandinista /
    que transmite en la Onda Corta
        Banda Internacional
            de los 41 metros
desde algún lugar de Nicaragua
hasta las 11 de la noche de toda Nicaragua.

    Mi tía-abuela debe de estar pegada al aparato.
Mi mamá y mis hermanos en Honduras,
pegados a nuestra voz,
                    a nuestras voces
a esta voz entrando a escondidas
        cada noche
                esparciéndose hasta la madrugada.
Subiendo quizá hasta algún edificio de México,
acercándose a los exiliados:
                la luz amarilla del dial
rebotando en rostros expectantes y penumbrosos;
Otra voz entre las voces del grupo familiar
atentos a la voz, a esta esperanza
que se cuela por las rendijas de las ventanas,
                de las puertas,
que atraviesa calles, puentes, cauces.

Esta voz que desata aguaceros hasta las últimas notas,
hasta las últimas voces,
hasta que se apaga y sólo queda la humedad
y el tic tic de las gotas después de la lluvia
                al amanecer.

Radio Sandino

—THIS IS Radio Sandino /
        Voice of Nicaragua's liberation
Official voice of the FSLN
    transmitting by short wave
      on the International
      41 meter band
from somewhere in Nicaragua
throughout the country until 11 p.m.

    My great aunt must be glued to her radio.
My mother and brothers in Honduras
glued to our voice
          our voices
this voice that comes in clandestinely
    every night
        broadcasting 'til dawn.
Reaching perhaps as far as a building in Mexico City,
to those who wait in exile:
        the dial's amber light
glancing off expectant worried faces.
One more voice in the family group
attentive to this voice, this hope
that filters through cracks in windows,
        in doors,
crosses streets, bridges, rushing water.
This voice unleashing torrential rains to the last report,
the last voices, until the rainstorm ends
and only the humidity remains,
the patter of drops until dawn.

—Radio Sandino
    PRESENTA
    su espacio informativo
    "El Atabal Guerrillero"

Parte de guerra
Del Estado Mayor Occidental
    "Rigoberto López Pérez".

1.—El Estado Mayor del Frenté Occidental "Rigoberto López Pérez" comunica que a las 10:30 a.m. fue tomado definitivamente el cuartel general de la guardia somocista en la ciudad de León. Todas las campanas de las iglesias están tocando a rebato y la población entera se ha volcado a las calles celebrando la liberación total de la ciudad.

2.—Nuestras fuerzas recuperaron todas las armas y municiones de la guardia genocida. El jefe de la plaza, general Ariel Argüello, fue abatido cuando intentaba huir escudado en una indefensa mujer, quien fue rescatada por nuestros combatientes.

3.—Nuestro Comandante Guadalupe Moreno (Abel) cayó heroicamente a la una de la tarde de ayer, dirigiendo el ataque al comando. El Comandante "Abel", participó en el asedio al mismo Comando en Septiembre de 1978.

¡VIVA EL COMANDANTE GUADALUPE MORENO!
    ¡VIVA EL COMANDANTE TITO CASTILLO!
¡VIVA EL COMANDANTE OSCAR PEREZ!
    ¡VIVA EL COMANDANTE ROGER DESHON!
¡VIVA EL COMANDANTE EDGARD LANG!

—Radio Sandino

PRESENTS

its news report

"Guerilla Drum"

**Battle Communique from the High Command
of the "Rigoberto López Pérez" Western Front.**

1. The High Command of the "Rigoberto López Pérez"
Western Front reports that at 10:30 a.m. the general barracks of
Somoza's National Guard in the City of León were definitively
occupied. All the city's church bells are ringing madly, and the
people are in the streets, celebrating its total liberation.

2. Our forces recovered all weaponry and ammunition
belonging to the genocidal Guard. Their commander, General
Ariel Argüello, was shot down while trying to escape shielded
by a defenseless woman who was rescued by our troops.

3. Our Commander Guadalupe Moreno (Abel) fell heroically
at one o'clock yesterday afternoon, as he directed the attack on
the command post. Commander "Abel" took part in the
occupation of the same post in September of 1978.

LONG LIVE COMMANDER GUADALUPE MORENO!
LONG LIVE COMMANDER TITO CASTILLO!
LONG LIVE COMMANDER OSCAR PEREZ!
LONG LIVE COMMANDER ROGER DESHON!
LONG LIVE COMMANDER EDGARD LANG!

¡VIVA EL COMANDANTE CARLOS JARQUIN!
¡VIVAN LAS HEROICAS COMPAÑERAS IDANIA FERNANDEZ Y
ARACELLY PEREZ!
¡VIVAN TODOS LOS HEROES Y MARTIRES CAIDOS EN LA
CIUDAD DE LEON!
LA VICTORIA SERA NUESTRA.
¡PATRIA LIBRE O MORIR!
León, Territorio Libre de Nicaragua, junio 20 de 1979.

En el último bus, las últimas putas tristes
son mis acompañantes de esta noche.
(Heroicos combatientes de Subtiava,
heroicos pobladores de San Felipe, Zaragoza, El Laborío,
Las Gavetas, Guadalupe, El Coyolar, La Ermita,
San Juan, Fátima, La Providencia, El Recreo, San Sebastián,
La Estación, Posada del sol, La Merced, El Hipódromo...
Cuna de Rigoberto López Pérez,
León puede ser abatido pero nunca vencido
¡VIVA LEON, JODIDO!)

En la parada, luces de anuncios comerciales relampaguean
sobre los charcos.
No recuerdo cuándo vi a Oscar la última vez.
Róger estaba enfermo y ya sólo los volví a ver
en los periódicos.
Sus rostros ensangrentados se me funden
con rostros de amigos y conocidos;
Rostros de álbumes familiares: Primeras Comuniones,
cumpleaños, graduaciones, aniversarios, muertes.
Todos los rostros superpuestos
en un sólo rostro.

LONG LIVE COMMANDER CARLOS JARQUIN!
LONG LIVE OUR HEROIC COMRADES IDANIA FERNANDEZ AND
ARACELLY PEREZ!
LONG LIVE EVERY ONE OF THE HEROES AND MARTYRS
FALLEN IN THE CITY OF LEON!
VICTORY WILL BE OURS!
A FREE HOMELAND OR DEATH!
León, Free Territory of Nicaragua, June 20, 1979.

On the last bus, the last sad prostitutes
ride with me tonight.
(Heroic combatants of Subtiava,
heroic population of San Felipe, Zaragoza, El Laborío,
Las Gavetas, Guadalupe, El Coyolar, La Ermita,
San Juan, Fátima, La Providencia, El Recreo, San Sebastián,
La Estación, Posada del Sol, La Merced, El Hipódromo...
Home of Rigoberto López Pérez,
León may be battered but never conquered.
LONG LIVE FUCKING LEON!)

At the bus stop, neon flashes on and off
in the puddles.
I don't remember when I last saw Oscar.
Roger was ill and I only saw them again
in the papers.
Their bloodied features mix
with the faces of friends and acquaintances,
faces from family albums: First Communions, birthdays,
graduations, anniversaries, deaths.
All the faces
become a single face.

(Compañeros trabajadores de Nicaragua:
Sigamos el glorioso ejemplo
        de nuestros hermanos leoneses.
¡Más organización, más y más lucha!
¡Todos al combate sandinista!
        ¡Todos a la insurrección popular!
¡El somocismo se va, el pueblo se queda!
        LA VICTORIA ES NUESTRA).

Se me acalambra el cuerpo
        ya no dan más los mocasines empapados.

(¡Al combativo pueblo de León le está siguiendo Matagalpa!
¡Hermanos de todo el país
estamos a punto de ser libres para siempre!)

Sólo me faltan dos cuadras interminables.
Casi corriendo alcanzo el portón
hasta timbrar bajo la luz mortecina
y correr patio adentro
a mitigarme el hielo de los pies.

¡ESTELI, CON TU NOMBRE RUBRICAREMOS
EL EPITAFIO DEL SOMOCISMO!

"Y allá va el General
        bajando Estelí
Patria o muerte repiten
        los campesinos de Wiwilí.

Y allá va el General
        con su decisión
con sus hombres valientes
        a limpiar Nicaragua del invasor..."

(Comrade workers of Nicaragua:
Let us follow the glorious example
        of our brothers and sisters in León.
More organization! Greater and greater struggle!

Everyone to join the struggle of the Sandinistas!
        Everyone to the popular insurrection!
Somoza is on his way out, the people will remain!
        VICTORY IS OURS)

My body is cramped
        my drenched moccasins are tired now.
(Matagalpa follows the example of the combative people
                                        of León!
Sisters and brothers throughout the country
we are on the threshold of total victory!)

Only two interminable blocks to go.
Almost running I reach the gate
ring the bell in a dim light
and hurry through the courtyard
to soothe my freezing feet.

ESTELI, WITH YOUR NAME
WE WILL SIGN SOMOZA'S EPITAPH!

"There goes the General,
        through Estelí,
Homeland or Death
        sing the peasants of Wiwilí.

There goes the General,
        his decision made,
with his brave men and women
        ridding Nicaragua of the invader..."

COMBATIENTES DEL FRENTE SUR BENJAMIN ZELEDON
COMBATIENTES DEL FRENTE ORIENTAL ROBERTO HUEMBES
COMBATIENTES DEL FRENTE OCCIDENTAL RIGOBERTO LOPEZ
PEREZ
GUERRILLEROS DEL FRENTE NORTE CARLOS FONSECA
AMADOR

¡COMBATIENTES DE MASAYA
COMBATIENTES DE CARAZO
COMBATIENTES DE MANAGUA
ADELANTE, ESA ES LA CONSIGNA!

"Adelante
adelante la heroica guerrilla
guerrillero adelante marchar
vas haciendo la paz con la guerra
con las armas de la libertad.
Guerrillero /
Guerrillero /
Guerrillero adelante adelante
con el fuego de paz del fusil
de la sierra hasta el llano adelante
Guerrillero vencer o morir."

("Verónica" era Flor de María Antúñez,
Iván Montenegro se llamaba "Ernesto").
Sólo con la muerte recobraremos nuestros nombres.
El nombre familiar y sus variantes cariñosas
que desde la cuna aprendimos a querer
y a reconocernos en él.
Nuestro nombre verdadero, nuestro propio nombre
que la muerte nos devuelve.

100

MEMBERS OF THE "BENJAMIN ZELEDON" SOUTHERN FRONT
MEMBERS OF THE "ROBERTO HUEMBES" EASTERN FRONT
MEMBERS OF THE "RIGOBERTO LOPEZ PEREZ" WESTERN FRONT
GUERRILLAS OF THE "CARLOS FONSECA AMADOR" NORTHERN
FRONT

COMBATANTS OF MASAYA!
COMBATANTS OF CARAZO!
COMBATANTS OF MANAGUA!
EVER ONWARD IS THE COMMAND!

"Onward
onward heroic guerrilla
guerrilla forward march
you are winning peace with your war
with the weaponry of freedom.

Guerilla /
Guerrilla /
Guerrilla ever onward
with the fire of peace in your gun
from mountains to plains ever onward
Guerrilla, onward to win or to die."

("Verónica" was Flor de María Antuñez.
Iván Montenegro was called "Ernesto".)
Only in death will we regain our names
our given names and the nicknames
we learn to love as we grow
and recognize ourselves in them.
Our real name, the name
death gives us back.

MONIMBO ES NICARAGUA, JODIDO!
LA CONSIGNA ES: MUERTE AL SOMOCISMO!
NOTICIA DE ULTIMA HORA /
 ATENCION PUEBLO NICARAGUENSE
 ESTA ES UNA NOTICIA DE ULTIMA HORA:
NUESTRAS FUERZAS MANTIENEN SITIADA LA GUARNICION
 DEL COYOTEPE EN LAS PROXIMIDADES DE MASAYA.
MAS DE 20 GUARDIAS QUE PRETENDIAN ROMPER
 EL CERCO SANDINISTA
HUYERON EN DESBANDADA DEJANDO 12 MUERTOS.
NUESTROS COMBATIENTES NO REPORTAN NINGUNA BAJA.

 Mi casa de seguridad
 siempre estará al fondo de un patio trasero
 montoso y desamparado.
 Entre las tablas del piso
 las pulgas atraviesan la colchoneta
 te traspasan el bluyín
 te arrancan la piel
 pero tu cansancio puede más
   que sus mordiscos.

EL ATABAL GUERRILLERO SIGUE INFORMANDO:
EN LAS PRIMERAS HORAS DE ESTA MAÑANA
CAYERON EN MATAGALPA
LOS ULTIMOS REDUCTOS DEL SOMOCISMO.
NUESTROS COMBATIENTES QUEMARON LA PARTE VIEJA
       DEL CUARTEL
Y LOS DESMORALIZADOS GUARDIAS
SALIERON HACIA LAS LOMAS DEL CALVARIO
PERO NUESTRAS FUERZAS LOS ATACARON CON TODO SU
 PODER DE FUEGO

MONIMBO IS NICARAGUA, FUCK IT!
THE WATCHWORD IS DEATH TO SOMOZA!
LATEST REPORT /
ATTENTION, PEOPLE OF NICARAGUA
THIS IS THE LATEST REPORT:
OUR FORCES CONTINUE TO SURROUND THE COYOTEPE
GARRISON
ON THE OUTSKIRTS OF MASAYA.
MORE THAN TWENTY GUARDS WHO TRIED TO BREAK
THROUGH
THE SANDINISTA OFFENSIVE
FLED EVERY WHICH WAY, LEAVING TWELVE DEAD.
NOT A SINGLE CASUALTY WAS REPORTED BY OUR
COMBATANTS.

My safe house will always be
at the far side of some backyard
alone and vulnerable.
Up from between the floor boards
lice swarm over the mattress
piercing blue jeans
tearing at skin
but my very exhaustion defies their bites.

GUERILLA DRUM KEEPS ON INFORMING:
IN THE EARLY HOURS OF THIS MORNING
THE LAST SOMOZA SOLDIERS WERE DEFEATED
IN THE CITY OF MATAGALPA.
OUR COMBATANTS SET FIRE TO THE OLD PART OF THE
GARRISON
AND THE DEMORALIZED GUARDS
RAN FOR THE HILLS OF EL CALVARIO.
NEVERTHELESS, OUR TROOPS USED THEIR FULL
FORCE AGAINST THEM

103

CAUSANDOLES 15 MUERTOS
Y UN NUMERO AUN NO DETERMINADO DE HERIDOS.
LA POBLACION ALBOROZADA HIZO TAÑER LAS CAMPANAS
Y DESFILO POR LAS CALLES
CON BANDERAS ROJINEGRAS DESPLEGADAS
GRITANDO: LA MARCHA HACIA LA VICTORIA NO SE DETIENE!

Ernesto Cardenal vino a grabar su profecía
para los guardias rasos que nunca alcanzarán
                    en el avión de Somoza.
Y se fue con su pelo alborotado
más blanco que su cotona bajo el sol.

"Le decían bandolero por mirar al sol de frente
quería tanto a su pueblo
        no quería ser presidente...
Y se fue
      y se fue
          y eran 30 con él."

Efemérides: EN UN DIA COMO HOY, SANDINO PROCLAMA
                A SU PUEBLO Y AL MUNDO
                EL POR QUE DE SU LUCHA CONTRA EL INVASOR
                                    YANKI
                EN EL DOCUMENTO DE SAN ALBINO.
                CON PALABRAS ETERNAS Y HUMILDES
                DEJA UN TESTIMONIO INMORTAL
                QUE SELLARIA POSTERIORMENTE CON SU SANGRE.

CAUSING 15 DEAD
AND AN UNDETERMINED NUMBER OF WOUNDED.
THE EXHILARATED POPULATION RANG THE CHURCH BELLS
AND PARADED THROUGH THE STREETS
THEIR RED AND BLACK FLAGS UNFURLED
AND SHOUTING: THE MARCH TOWARDS VICTORY WILL NOT
                                                    BE HALTED!

Ernesto Cardenal came to tape his prophecy
for the recruits who didn't make it
                    to Somoza's plane.
He left with his windswept hair
whiter than the sun on his peasant shirt.

"They called him a highwayman
        for looking straight into the sun
he loved his country so dearly
        that he didn't want to be president...
and he left
        and he left
            and 30 went with him."

Daily notes: ON A DAY LIKE TODAY, IN THE DOCUMENT
                    OF SAN ALBINO, SANDINO PROCLAIMED TO HIS
                                                    COUNTRY
                    AND TO THE WORLD THE REASON FOR HIS
                                                    STRUGGLE
                    AGAINST THE YANKEE INVADER.
                    WITH SIMPLE WORDS THAT WILL LIVE FOREVER
                    HE LEFT AN IMMORTAL TESTAMENT
                    HE WOULD LATER SIGN WITH HIS BLOOD.

De mano en mano nos llega carta
de alguien que nos escucha en Estocolmo.
La pegamos en las tablas del caramanchel
junto a otras que siempre estamos leyendo.

"Hermano dame tu mano
            y unidos marchemos ya
                        hacia el sol de la victoria..."
O hacia la muerte.

LA SOLIDARIDAD CON LA JUSTA CAUSA DEL PUEBLO
                                    NICARAGÜENSE
SE CONSOLIDA EN TODOS LOS CONTINENTES.

(Noches y madrugadas se nos juntan
            en este interminable trajinar.)
Don Panchito
            con todo y reumatismo
            nunca falta a la transmisión.

¡COMBATIENTES SANDINISTAS DE MANAGUA
            EN CADA BARRIO
                EN CADA CUADRA
                    EN CADA CASA
A FORTALECER LA UNIDAD Y LA ORGANIZACION
PARA RESPONDER AL BOMBARDEO COBARDE Y GENOCIDA
                                    DEL TIRANO!
QUE EL TERROR NO DISMINUYA NUESTRO PODER
                                    COMBATIVO
HEROICOS POBLADORES DE MANAGUA: NO ESTAN SOLOS
EL SOMOCISMO HA SIDO DERROTADO
            EN TODOS LOS DEPARTAMENTOS DEL PAIS
                ¡A REDOBLAR ESFUERZOS
                    A COMBATIR MEJOR
                        A PROTEGER A LOS MUCHACHOS!

From hand to hand a letter reaches us
from someone listening in Stockholm.
We tack it to the wall of this hut
alongside others we read over and over.

"Brother, give me your hand
              and we shall march united
                        toward the sun of victory..."
          Or to death.

SOLIDARITY WITH THE JUST CAUSE OF THE
                                        NICARAGUAN PEOPLE
CONSOLIDATES ITSELF ON EVERY CONTINENT.

(Nights and early mornings come together
      in this endless string of tasks.)
Don Panchito
      rheumatism and all
      never fails to show at broadcast time.

SANDINISTA FORCES OF MANAGUA
              IN EVERY NEIGHBORHOOD
                    ON EVERY BLOCK
                          IN EVERY HOUSE
STRENGTHEN UNITY AND ORGANIZATION
IN RESPONSE TO THE TYRANT'S COWARDLY AND
                                        GENOCIDAL BOMBS!
DON'T LET TERROR DIMINISH OUR FIGHTING SPIRIT!
HEROIC PEOPLE OF MANAGUA: YOU ARE NOT ALONE,
SOMOZA HAS BEEN DEFEATED
              IN EVERY PART OF THE COUNTRY.
              INCREASE YOUR EFFORTS
                    FIGHT BETTER
                    HELP THE KIDS!

A INCORPORARNOS CON ELLOS EN ESTA BATALLA FINAL.
¡TODOS CONTRA LA DICTADURA
TODOS A LA CALLE
TODOS A LA GUERRA!
¡NO HAY MAS ALTERNATIVA QUE LA LUCHA!

En La Nicarao, Monseñor Lezcano, El Dorado,
Barrio Riguero, San Judas, El Open 3,
los Comités de Defensa Civil están construyendo barricadas.
Todos los barrios de Managua iluminados por fogatas.

Añoro mi ciudad perdida
de aceras angostas y casas apretadas
bajo estrechos aleros.
Ciudad de mi niñez
con locos callejeros que nos espantaban
y procesiones de la Virgen y del Santísimo
al que invocábamos en el estruendo de las tormentas
apretando una cruz de palma bendita
contra el pecho.

Viejo cementerio de San Pedro, poblado de ilustres fantasmas.
Parque "11 de Julio" coronado de cañas fístolas doradas
donde cantábamos:
                "Doña Ana no está aquí
                anda en su vergel..."
Frescor del zaguán en la casa de mi abuelo;
murmullo hipnótico de los rezos
al rítmico crujido de viejas mecedoras
en amplios aposentos olorosos a iglesias
y amaneceres húmedos
con el aroma tibio de mis almohadas.

Añoro mi ciudad destruida por terremotos,
asolada por dictaduras.

JOIN WITH THEM IN THIS FINAL BATTLE.
EVERYONE AGAINST THE DICTATORSHIP,
EVERYONE OUT INTO THE STREETS,
EVERYONE TO WAR!
THERE IS NO LONGER AN ALTERNATIVE TO STRUGGLE!

In La Nicarao, Monseñor Lezcano, El Dorado, Barrio Rigüero,
San Judas, and El Open 3, Civil Defense Committees are raising
the barricades. Bonfires light every corner of Managua.

I long for my lost city
of narrow sidewalks and houses pushed together
beneath their narrow eaves.
The city of my childhood
with its vagabonds who frightened us,
its processions to the Virgin and the Holy Spirit
which we'd invoke on stormy nights
as we clutched a cross of blessed palm
against our breasts.

The old San Pedro cemetery with its illustrious ghosts.
Eleventh of July Park crowned in gilded reeds
where we would sing:
                    "Dona Ana isn't here,
                    she's in her garden..."
Cool porch at my grandfather's house,
hypnotic murmur of praying
to the creak of ancient rocking chairs
in the great rooms fragrant as churches
and dawns humid with the warm wet scent
of my pillows.

I long for my city destroyed by earthquakes,
parched by dictators.

Ciudad inhóspita y cruel
de solazos implacables
y aguaceros torrenciales.

Sucia, enmarañada, cóncava, ardiente.
Cariada de predios baldíos
y a orillas de un lago fecal y pestilente
Managua, que jamás fue linda,
ciudad triste como puta vieja
cuya fealdad talvez floreció
en breve juventud.

PARTE DE GUERRA: LA DIRECCION NACIONAL CONJUNTA
DEL F.S.L.N
INFORMA AL PUEBLO DE NICARAGUA Y AL MUNDO
LOS AVANCES EN LA GRAN LUCHA INSURRECCIONAL
CONTRA LA TIRANIA GENOCIDA DE ANASTASIO SOMOZA.

Frente Occidental Ulises Tapia

Las fuerzas somocistas abandonaron la ciudad de Masaya
y se han refugiado en el cuartel
bajo el asedio de nuestras columnas.
    Los barrios de San Jerónimo, Pochotillo, Monimbó,
    La Estación, Las Vueltas, Las Sabogales
    apoyan a los combatientes
y los Comandantes Donald, Claudio, Faustino,
Valentín, Jerónimo y Patricia
han dividido la ciudad en zonas militares.
Escuadras sandinistas tomaron Ticuantepe
(al norte del Departamento)
y recuperaron armas y municiones.

Cruel inhospitable city
of scorching sun
and torrential rains.

Dirty, tainted, concave, fervent.
Decaying in vacant lots
and along the shores of a pestilent lake.
Managua, never pretty,
a city as sad as an old whore
whose ugliness might have flowered briefly
in her youth.

COMMUNIQUE:
THE JOINT COMMAND OF THE F.S.L.N.
INFORMS THE PEOPLE OF NICARAGUA AND THE WORLD
OF THE PROGRESS BEING MADE
IN THE GREAT INSURRECTIONAL STRUGGLE
AGAINST THE GENOCIDAL DICTATORSHIP OF
ANASTASIO SOMOZA.

The "Ulises Tapia" Western Front

Somoza's forces have abandoned the city of Masaya
and have taken refuge in the garrison
which is under siege by our columns.
    The districts of San Jerónimo, Pochotillo, Monimbó,
    La Estación, Las Vueltas, and Las Sabogales
    support our combatants
and Commanders, Donald, Claudio, Faustino,
Valentín, Jerónimo and Patricia
have divided the city into military zones.
Sandinista squadrons have taken Ticuantepe
(in the northern part of the state)
recovering arms and munitions.

Un avión *Push-and-Pull* de la aviación somocista
           fue derribado.
La columna "Rufo Marín" inició operaciones ofensivas
sobre Catarina, Niquinohomo, Nandasmo y Masatepe
en el Departamento de Masaya
       atacando guarniciones
y tomando control de toda la zona
incluyendo Diriá y Diriomo, del Departamento de Granada.

Escuadras de la Columna "Jorge Sinforoso Bravo"
controlan el sector central de la ciudad de Granada
y los barrios de Pueblo Nuevo y Calle Nueva.
La guardia somocista está sitiada
en el cuartel *La Pólvora*
mientras se organiza la ciudad
bajo el mando de los Comandantes Gabriel,
Marcos y Cristina.
Todos los accesos a Granada están controlados.

Frente Sudoriental Camilo José Chamorro

Ciudad de Jinotepe:
Escuadras sandinistas han tomado ya
Tilarán, San Antonio y El Cementerio
y controlan los accesos a la ciudad que comunican
con San Marcos, Nandaime y Diriamba.
Hoy se comenzó a combatir en Diriamba
y las fuerzas sandinistas
avanzan sobre la guarnición local.

A Push-and-Pull from Somoza's Air Force
     was shot down.
The "Rufo Marín" column initiated offensive operations
against Catarina, Niquinohomo, Nandasmo and Masatepe
in the state of Masaya
    attacking garrisons
and taking control of the region
including Diriá and Diriomo in the state of Granada.

Squadrons from the "Jorge Sinforoso Bravo" column
control the center of Granada city
as well as the districts of Pueblo Nuevo and Calle Nueva.
Somoza's Guard is under siege
at La Pólvora barracks
while the city is being organized
under the orders of Commanders Gabriel,
Marcos, and Cristina.
We control all access to Granada.

The "Camilo José Chamorro" Southeastern Front

City of Jinotepe:
Sandinista squadrons have already taken
Tilarán, San Antonio and El Cementerio,
and control the city accesses that communicate
with San Marcos, Nandaime, and Diriamba.
Fighting began today in Diriamba
and Sandinista forces advance upon the local garrison.

Frente Occidental Rigoberto López Pérez

La columna "Oscar Turcios," al mando del Comandante
    José Esteban
tiene controlados Somotillo, Tonalá,
    San Pedro, Santo Tomás y Cinco Pinos.
Docenas de campesinos se suman a las columnas
ampliando su avance hacia Chinandega.
Escuadras sandinistas atacaron Jiquilillo
y controlan la carretera que lleva hacia Potosí
en el Golfo de Fonseca.
Chichigalpa está tomada
        y en León
las columnas sandinistas han consolidado
                  su dominio.

Frente Sur Benjamín Zeledón

La columna "Oscar Pérez Cassar"
        al mando de Laureano Mairena
derrota a la guardia en Sotacaballo
y son nuestros los poblados
de Buenos Aires, Tola y Nancimí
       del Departamento de Rivas.

Frente Norte Carlos Fonseca Amador

La columna "Jorge Sinforoso Bravo"
desde ayer controla Ocotal
importante plaza estratégica del somocismo
    y cabecera de Nueva Segovia.
Las distintas columnas del Frente Norte
consolidan su dominio en Madriz, Matagalpa,
           Jinotega y Estelí.

The "Rigoberto López Pérez" Western Front

The "Oscar Turcios" column, under the leadership
    of Commander José Esteban
has taken Somotillo, Tonalá, San Pedro,
    Santo Tomás and Cinco Pinos.
Dozens of farmers have joined the columns
strengthening their advance towards Chinandega.
Sandinista squadrons attacked Jiquilillo
and control the highway leading to Potosí
on the Gulf of Fonseca.
Chichigalpa is ours
        and in León
the Sandinista columns have consolidated
                their control.

The "Benjamín Zeledón" Southern Front

The "Oscar Pérez Cassar" column
    under the command of Laureano Mairena
is defeating the Guard at Sotacaballo
and we have taken the villages
of Buenos Aires, Tola, and Nancimí
    in the state of Rivas.

The "Carlos Fonseca Amador" Northern Front

The "Jorge Sinforoso Bravo" column
since yesterday controls Ocotal,
strategically so important to Somoza
    and the capital of Nueva Segovia.
Various columns of the Northern Front
consolidate their control of Madriz, Matagalpa,
        Jinotega and Estelí.

A las puertas de Jinotega cayó El Danto
que sigue ganando batallas desde Radio Sandino
como un Campeador familiar y agrario.

"Ayer se fue
oliendo a madrugada su mochila
            ayer se fue
me dijo que cuidara de su hija
            ayer se fue
su mano se agitó como bandera
            ayer se fue
no era la muerte la que lo llamaba..."

Que ya termine esta orfandad de exilio,
      de destierro.
Este andar y desandar calles neblinosas y húmedas
este tronar de huesos enmohecidos
estos días oscuros como una misma noche interminable.

Las 11 de la noche en toda Nicaragua.
El Atabal Guerrillero sigue informando:
TENEMOS GANADA LA GUERRA
LA DICTADURA ESTA LIQUIDADA.

Desde Radio Sandino, el Atabal Guerrillero
hasta las últimas notas
      hasta las últimas voces
      hasta que se apaguen los últimos combates
      hasta que amanezca en toda Nicaragua
Desde Radio Sandino, el Atabal Guerrillero
                    continúa informando.

El Danto, who like our very own *Mio Cid*, defiant and
familiar, keeps on winning battles on Radio Sandino.
He was gunned down at the entrance to Jinotega.

"Yesterday he went away
his knapsack smelling of dawn
yesterday he went away
he told me to care for his daughter
yesterday he went away
waving his hand like a flag
yesterday he went away
it wasn't death that called to him..."

Let this orphanage of exile and of banishment
    be over now.
This coming and going on damp and misty streets,
this creak of musty bones,
dark days like one interminable night.

Eleven p.m. in all of Nicaragua.
Guerilla Drum brings you the news:
WE'VE WON THE WAR
THE DICTATORSHIP IS DEFEATED.

From Radio Sandino, Guerrilla Drum
until the last notes
    until the last voices
    until the fires of the last battles have gone out
    until it is dawn in all of Nicaragua
From Radio Sandino, Guerrilla Drum
    keeps on bringing you the news.

Reportaje de la protesta
frente a la embajada de Estados Unidos
por las maniobras Pino Grande

¿QUE DIJO LEONEL RUGAMA?
                        ¡QUE SE RINDA TU MADRE!
¿Y POR QUE?
            PORQUE, LA SOBERANIA DE UN PUEBLO
            NO SE DISCUTE,
            SE DEFIENDE CON LAS ARMAS EN LA MANO.

Frente a la estatua de Montoya,
viniendo de todas las calles de Managua,
el sol de la tarde nos pega en las caras,
mientras avanzamos
                avanzamos
                        PUEBLO UNETE
                                hacia la embajada.

Por la carretera, bordeada de chilamates,
adelante miles y miles de compañeros,
atrás, miles y miles más;
y al vaivén de las cabezas,
cienes de pancartas, como olas.

Report of the Demonstration in Front of the U.S. Embassy protesting the Pino Grande Maneuvers

WHAT DID LEONEL RUGAMA[1] SAY?
                    UP YOURS!
WHY?
    BECAUSE A PEOPLE'S SOVEREIGNTY
        IS NON-NEGOTIABLE.
    WE DEFEND IT WITH GUNS IN OUR HANDS.

Across from the statue of Montoya,
arriving through all of Managua's streets,
the afternoon sun strikes our faces
as we advance
            advance
        A PEOPLE UNITED
                towards the embassy.

Along the highway edged with *Chilamates*,
thousands and thousands of comrades ahead of us,
thousands and thousands more behind,
and bobbing alongside their heads,
hundreds of placards, like waves.

---

[1] Leonel Rugama was a young Sandinista revolutionary and poet who was murdered outright by more than 400 of Somoza's National Guard in January of 1970. When the head of the attacking force yelled into the house they had surrounded: "Surrender!", he responded: "*¡Qué se rinda tu madre!*" Literally, this is "Your mother should surrender!", but the translation we have chosen is "Up yours!" During the early years of the Sandinista revolution in Nicaragua, that response became an official slogan of artists and intellectuals.

ESTA ES MI TIERRA
    ESTA ES MI AGUA
NINGUN YANKI HIJUEPUTA
    PISARA A NICARAGUA.

Frente a la embajada queman al TIO SAM.
El embajador Quainton ordeña cerrar
                las altísimas verjas.

Primero hablaron las madres de los mártires.
Entre la humazón, sus gritos y lamentos.
Dorados por el polvasal, todos gritamos.
Frente a las verjas herméticas
    gritamos
        gritamos cansados y sedientos.
    Gritamos
        hasta dispersarnos al anochecer.

THIS IS MY LAND
                THIS IS MY WATER
        NOT ONE YANKEE SON OF A BITCH
                WILL TREAD NICARAGUAN SOIL.

In front of the embassy they burn UNCLE SAM.
Ambassador Quainton orders them to close
        the high iron gates.

The mothers of the martyrs spoke first.
Their shouts and laments could be heard
        through clouds of dust.
Covered in dust, we all shouted.
Before those hermetically sealed gates
        we shouted
                tired and thirsty
        we shouted
                until nightfall scattered us.

Encuentro subrepticio con Joaquín Pasos

Es difícil hablarte mientras me desgasto,
no es fácil platicar con vos, encontrarme con vos
en las gasolineras, en las antesalas de clínicas y oficinas,
en los embotellamientos de tráfico, Joaquinillo
　　　　—puedo llamarte así?

Aquí hay mucho ruido: no me convence el lino impecable
　　　　　　　　de tus trajes
ni tus poses de niño-bien nacido.
　　　　　　　Sé
que sos pecador y católico, puro e impúdico.
Somos buenos para nada, inservibles para todo
　　　menos para el amor y el canto,
pero a nadie le importa el amor, nadie necesita del canto.

¿Qué hacemos, Joaquín, para dónde vamos?
Tus carcajadas tampoco me convencen
y los lagartos se ríen de vos y de nosotros.
Ah, qué divertido, Joaquinillo, qué divertido
ver cómo te quebrás el alma.

　　　　　　　¿Qué travesía inclemente nos espera?
Los pasajeros de tu barco estamos locos
porque un buque de letras navega solamente
en ingrávidos mares de agua de colonia.
Yo me iría a esos países tuyos de resplandecientes
　　　　　árboles de metal contra un sol nórdico,
entre los buenos muchachos alemanes hechos de queso,
vagaría en tu Luxemburgo de pequeñas mujeres

Surreptitious Encounter with Joaquín Pasos

It's hard to talk to you as I deplete my energies,
it's not easy chatting, meeting you
in gas stations, in the waiting rooms of clinics and offices,
in traffic jams, Joaquinillo
         — may I call you that?

There's so much noise here: the impeccable linen of your
suits does not convince me
nor your rich boy's posturing.
                 I know
you are a sinner and Catholic, pure and immodest.
We are good for nothing, useless for anything
         but love and song.
But no one cares for love, no one needs a song.

What are we doing, Joaquín, where do we fit?
Your raucous laughter does not convince me either
and lizards make fun of us both.
Ah, how amusing, Joaquinillo, how amusing
is your broken spirit.

         What inclement crossing waits for us?
All your ship's passengers are crazy
because a ship made of words
sails only on weightless seas of cologne.[1]
I'd go to those countries of yours
     resplendent with metal trees against a nordic sun,
among good German boys made of cheese
I'd wander in your Luxembourg of tiny women

---

[1] A reference to Joaquín Pasos' poem "Barco Cook", *Poemas de un joven que no ha viajado nunca*, Managua, Ediciones Nueva Nicaragua, p.33.

y nos revolcaríamos en alguna habitación de aquel hotel
de comedor malva y oro
y desde la ventana le arrojaríamos monedas a aquel
flautista polaco
o contemplaríamos la orquesta de zíngaros suicidas.

¿Por qué llorás por un pescado muerto?
¿Por qué te conmovés ante el cadáver de una pájara?

Mejor te dejo. Aquí hay mucho ruido
y sólo el ajetreo importa, aunque nadie sepa por qué
ni para dónde vamos.
Es justo que te deje reposar al abrigo de tus pecados
mortales y capitales.
Me has dicho que te vas a morir de angustia una madrugada.
Ya vas a ver cómo, cuando llegués a tu correspondiente
naufragio, hay suspiros de alivio.
Al fin la familia descansa de la oveja negra o blanca.

Estoy ensordecida, sin tiempo para encontrar...
Los cementerios y parques están abandonados,
una multitud de niños muertos nos miran con sus ojos ciegos.
Dame alguna señal, Joaquín, alguna señal en estas latitudes
lejanas.

and we'd make mad love in one of the rooms
    of that hotel with the pink and gold dining room,
throw coins from our window at the Polish flutist
or gaze upon the orchestra of suicidal Gypsies.

Why do you weep for a dead fish?
Why does the body of a dead bird move you so?

I'd better go. There's so much noise here
and only busyness matters, although no one knows why
        or where we're going.
It's only fair for me to let you rest now, sheltered
        by your mortal and capital sins.
You've told me you're going to die of anguish
        at dawn one day.
You'll see, when you reach the shipwreck with your name,
        how many sighs of relief there are.
The family, relieved at last of the black or white sheep.

I'm growing deaf, can't find...
The parks and cemeteries are abandoned now,
a multitude of dead children look at us with sightless eyes.
Give me a sign, Joaquín, a sign for these distant latitudes.

Carta a Coronel Urtecho

Don José
le debía esta carta desde el primer encuentro.
Desde esa noche que usted seguramente no recuerda
leyendo "A Luis Rosales lo esperamos en el Río San Juan".

De nuestros interminables
                    intermitentes paseos
suspensos de vez en cuando bajo la sombra amarilla
                    de una acacia
con fondo de tractores y calles de tierra apelmazada
polvorientas aceras y furgones de caña
                    recién cortada
nunca le había hablado en otras cartas.

Quién hubiera previsto nuestro segundo encuentro
viéndonos cuando podíamos
                    en los atrios de iglesias
                        las paradas de buses
                            y los parques
en medio del exilio, la angustia,
                    la muerte y la esperanza.

Hasta ahora le vengo soltando estas palabras
como soltar una trenza oscura y apretada
y dejar el pelo solo al aire suelto
alzar su propio vuelo.

Todo lo que hablábamos ya se volvió cierto
y están vivas las palabras y respiran
y por primera vez podemos agarrarlas
como se agarra un güis, un pato aguja
                    una chorchita
no para hacerles daño, sino para soltarlos
a volar sobre el más bello verano en La Azucena.

Letter to Coronel Urtecho

Don José,
I've owed you this letter since our first meeting.
Since that night I'm sure you no longer remember
when we read "We Waited for Luis Rosales on the San
                                                Juan River."

I've never spoken to you in other letters
about our endless
                    intermittent strolls
stopping from time to time beneath the yellow shade
                of an acacia tree
against a backdrop of tractors and packed earth streets,
dusty sidewalks and wagons
                    of newly cut cane.

Who would have foreseen our second meeting,
we searched each other out whenever possible
                in the atriums of churches,
    at bus stops and in parks
surrounded by exile, anguish, death, and hope.

I've been sending these words your way
as one would loose a dark and tightly woven braid,
freeing the hair to take flight
upon the wind.

Everything we said came true
and the words are alive, they live
and now we can catch them
as one holds a *guis*, a needle duck,
        a little woodcock,
not to do them harm but let them soar
returning to that loveliest summer at La Azucena.

Las palabras han adquirido la forma concreta de las cosas
y hasta su Río San Juan llegan hechas escuelas
                              talleres de artesanías
centros de producción agrícola, desarrollos ganaderos.
Llegan vueltas bibliotecas
                              centros de salud
                                   cooperativas
y en el antiguo puerto de San Carlos
la primera Casa de Cultura de su historia.

Usted piensa ahora que lo he olvidado
cuando todos los días he venido hablándole
esas bellas palabras que en nuestros viejos paseos
sólo eran sueños.

De todos modos las pongo por escrito
para que conste en su historia y en la mía.
Como juntar un ramo de madroños y pascuas
se las envío húmedas, olorosas y blancas.

(Lo imagino ahora de inevitable boina, bastón
                    y blanca camisa manga larga
leyendo o conversando o cerrando a las seis de la tarde
las puertas de la casa;
o talvez asomado al corredor hacia el Río Medio Queso
esperando mi llegada
                         o esta carta.)

Our words have acquired the concrete shape of things,
and schools, crafts workshops, agricultural production
and cattle development centers
have found their way to your San Juan River.
Those words have become libraries,
                clinics,
                cooperatives,
and in the old port of San Carlos
        there is the first Culture House that anyone can remember.

Now you think I've forgotten you
but I've been talking to you every day
with these words that on those walks of ours
were only dreams.

In any case, I will put them in writing
to be recorded in your history and in mine.
As if joined in an evergreen bough,
I send them to you damp, fresh, and fragrant.

(Now I imagine you with your black beret, walking stick
        and long-sleeved white shirt
reading or talking or closing the doors of your house
at six in the afternoon,
or maybe looking from the porch towards the *Medio Queso*
                                        River
waiting for me
        or for this letter.)

50 versos de amor y una confesión
no realizada a Ernesto Cardenal

De haber conocido a Ernesto como aparece
en una foto amarillenta que Julio me mostró:
flaco, barbón, camisa a cuadros y pantalón de lino,
las manos en los bolsillos y un aire general de desamparo;
me hubiera metido por él en la Rebelión de Abril.
Juntos, habríamos ido a espiar a Somoza
en la fiesta de la embajada yanki.

¿Quién sería su novia en esos días?
La Meche o la Adelita o talvez Claudia.
Ileana o Myriam. Muchachas enternamente frescas
que sonríen desde viejas fotografías
traspapeladas en quién sabe qué gavetas.

Myriam, sale de la iglesia con su vestido amarillo
entallándole el cuerpo moreno y grácil.
Ileana pasa distante
más lejana que la galaxia de Andrómeda
la Adelita palidece al doblar la esquina
y encontrarse de pronto con él;
Claudia prefiere las fiestas y las carreras de caballos
a un epigrama de Ernesto.
Meche es la más misteriosa.

Conocí a Ernesto en el año 72 oficiando
en el altar de la ermita de Solentiname.
Ni me habló; apenas me concedió el perfil.
Es la fecha y no se acuerda siquiera
de haberme visto entonces.

50 Love Poems and an Unfulfilled Confession to Ernesto Cardenal

If I had known Ernesto as he appears
in the yellowed photograph Julio showed me:
lean, bearded, with his plaid shirt and linen pants,
hands in his pockets and that vague air of helplessness,
I'd have joined the April Rebellion for him.
Together we might have gone to spy on Somoza
at the Yankee Ambassador's party.

Who would have been his sweetheart in those days?
La Meche or Adelita or maybe Claudia,
Ileana or Myriam. Eternally sweet young girls
who smile from old photographs
mislaid in who knows which old chests of drawers.

Myriam leaves the church in her yellow dress,
a sheath for her dark and graceful body.
Ileana passes at a great distance
further away than Andromeda's galaxy.
Adelita pales as she turns the corner
and comes upon him suddenly.
Claudia prefers parties and horse races
to one of Ernesto's epigrams.
Meche remains the most mysterious.

I met Ernesto in '72
when he said mass at the little Solentiname church.
He didn't even speak to me, barely turned his face.
That's when we met
and he doesn't even remember seeing me there.

Después de la Insurrección del 78 al fin reparó en mí.
Se apareció en la clandestina Radio Sandino
interesado en conocerme al saber que yo era poeta
            y combatiente.
Ni en mis sueños más fantásticos imaginé
que el encuentro sucedería así:
Allí venía tranquilo como que si nada
caminando entre el monte recién llovido.
Entró al caramanchel y preguntó por mi.

¿Para qué preguntó? Ese encuentro fue decisivo.
Desde el principio me entendí con él casi tan bien
como en otros tiempos con mi abuelo.
Allí es que comienza una larga historia:
Cuatro años ayudándole a inventar el mundo;
organizando el Ministerio de Cultura
con el fervor y la fe de un niño
en la madrugada de su Primera Comunión.
Esos años fueron casi felices (como diría Mejía-Sánchez).

Aunque a estas alturas
        lo conmueva todavía algún recuerdo
usted jamás se conformó con ninguna:
ni con Claudia, ni con todas las otras que no menciono
Como San Juan de la Cruz o Santa Teresita   (no quería una
                                        muñeca
sino todas las muñecas del mundo)
sólo estuvo conforme cuando poseyó todo, todito el Amor.

Ahora posee a Dios a través del pueblo: ¡Esposo de Dios!
Por eso cuando le digo que de haber sido yo su novia
en ese entonces sus versos para mí
        no habrían sido en vano,
él me contesta: "que lástima, no nos ayudó el tiempo",
            pero yo ni caso le hago.

It was after the Insurrection of '78
that he finally noticed me.
He showed up at clandestine Radio Sandino
because he'd heard I was a poet
and a combatant.
In my wildest dreams I never imagined
our meeting would happen as it did.
He arrived as if it were nothing,
walking through the recent mountain rain.
He entered the shack and asked for me.

Why did he ask? That meeting was decisive.
From the first I got along with him
as well as with my grandfather in other times.
A long history begins right there:
four years helping him invent the world,
organizing the Ministry of Culture
with the fervor and faith of a child
on the morning of his first communion.
Those years were almost happy (as Mejía-Sánchez would say).
Although he is still moved by a memory or two,
none of them was what he wanted:
neither Claudia, nor all the others
I leave unnamed.
Like Saint John of the Cross
or Saint Theresita of the Child Jesus
(she didn't want a doll, but all the world's dolls)
he was only satisfied with all the Love there is.

Now he possesses God through the people: he is
married to God!
That's why I tell him, had I
been his sweetheart way back then
his poems to me would not have been in vain.
He says: "What a pity, time wasn't on our side."
But I'm not listening.

Voy a hablar de mis mujeres

Toda esta tierra sabe sus nombres de memoria:
El Chipote, La Chispa, la gruta de Tunagualán
recuerdan sus nombres y a veces los confían al viento...

         Cómo no recordar a Emilia
la enfermera, con una puntería como su mano
para las jeringas, que dio cuenta de tres gringos.
Se tronó al primero a un kilómetro de distancia
y por la manera de caer—según Pancho Estrada—
le dio en la cabeza.
El segundo cayó seis semanas después.
Yo no lo vi, pero lo atestiguó el General Irías
y dos semanas más tarde se tronó al tercero.
Después se ha dedicado a curar, a inyectar, a vacunar...
Hasta Honduras se cruza en mula
a traer sus medicamentos
y no tiene miedo de atravesar íngrima esas montañas.
¡Ah, la Emilia! Tan distinta pero igual a otras mujeres...

         Cómo no mencionar
a la Juana Cruz, cantinera jinotegana,
cambiando tiros por tragos
y aconsejando a sus muchachas para sacarle información
                        a los marines y guardias.
Directora de correos y espionaje en la región
y hasta ayudaba económicamente.

I'm Going to Talk About My Women

This country knows their names by heart:
El Chipote, La Chispa, the caverns of Tunagualán
remember their names and sometimes confide them to the
wind...

How not to remember Emilia
the nurse, her aim as sure as with her needles,
who took three gringos out.
She did away with the first from the distance of half a mile
and the way he fell—according to Pancho Estrada—
she'd hit him in the head.
The second went down six weeks later.
I wasn't there, but General Irías tells the story
and two weeks after that she killed the third,
then went back to her healing trade,
injecting, vaccinating...
She rode a mule as far as Honduras
to bring back medicines
and isn't afraid to cross these mountains by herself.
Ah, Emilia! So different yet the same as other women...

How not to speak
of Juana Cruz, the madam from Jinotega
who traded bullets for drinks
and taught her girls how to get information
    from the marines and guards.
She managed messengers and espionage in the region
and even gave economic aid herself.

Quién puede decir algo de ella
y de sus putas, las más dignas y limpias que se han conocido.

Cómo no recordar a la Tiburcia García Otero,
pozo aterrado, hacienda desolada, destazada, encarcelada
y vapuleada en la penitenciaría de Managua
por órdenes expresas del propio Moncada
para que dijera lo que sabía de mí;
pero yo para ella era como otro de sus hijos,
y apenas salió libre voló a estas montañas
como lora feliz, como chocoya parlera
a hacer de cocinera, de enfermera, de lavandera en el ejército.

Y qué decir de la Bertita Mungía, dirigente obrera,
que organizó protestas ante el traidor de Díaz
y ante el Gobierno de los Estados Unidos...

Y así podría mencionar a tantas y tantas mujeres
que nos han seguido montaña adentro;
soldados que se juegan la vida y a veces, la pierden.
Guardadoras de secretos donde los hombres son vulnerables
Sus ropas íntimas escondieron mensajes más amorosos
          que el amor que nunca conocieron.
Señoras y señoritas de antiguas familias de Managua,
          León, Matagalpa y Chinandega
que prestaron efectivos servicios.
Todas ellas montaron dos emboscadas:
                    El Embocadero y El Bramadero.
Una niña culta y rica es la jefa de Matagalpa.
Muy conservadora y absolutamente insospechable.
Dos jóvenes y una viuda de abolengo de León;
esposas de terratenientes chinandeganos
y hasta la mujer de un Ministro de Moncada
          son nuestras.

Who can say anything at all about her
or about her girls,
the cleanest and most dignified there are.

How to forget Tiburcia García Otero,
tainted wellspring, a land laid waste, cut up, imprisoned
and beaten in the penitentiary at Managua
on the orders of Moncada himself
so she would tell what she knew about me—
but for her I was just another of her children
and the minute they let her go she flew to these mountains
like a happy parrot, a talkative *chocoya*,
to cook and nurse and wash for the army.

And what to say of Bertita Mungía,
working class leader who organized a protest movement
against the traitor Díaz
and the government of the United States...

Like them I could mention so many
women who have followed us into the mountains,
soldiers who risk their lives and sometimes lose them.
Keepers of secrets where the men are vulnerable,
their petticoats hiding messages more amorous
than the love they never knew.
Wives and young ladies from the old families
in Managua, León, Matagalpa, and Chinandega
who served efficiently.
Together they mounted the ambushes
      at El Embocadero and El Bramadero.
An educated rich young girl is the chief of Matagalpa.
Very conservative and utterly above suspicion.
Two young women and a society widow from León,
wives of Chinandegan landowners
and even the wife of one of Moncada's ministers
belong to us.

Cómo no recordar o mencionar a todas nuestras mujeres.
Sin ellas la guerra hubiera sido imposible,
        columna invisible de mi ejército;
ellas han tendido el amor entre emboscada y emboscada
        y se han tendido al amor con los muchachos.

Ni un libro entero bastaría para contar sus acciones
ni todas las estrellas de este cielo segoviano bastarían
        para comparalas,
pero el viento de esta tierra sabe sus nombres, repite
        sus nombres,
dice sus nombres mientras pulsa los pinares como si
        rasgara una honda y oscura guitarra.

How can we forget or fail to mention every one of our women.
without them the war would have been impossible,
    my army's invisible column,
they have spread their web of love from ambush to ambush
    and spread their web of love among the boys.

Even a whole book would not be enough to tell about their
                                                    actions
nor all the stars in the Segovian sky suffice
    for comparing them,
but this land's wind knows their names, repeats their names,
calls their names as it moves through the pines
    as if strumming a deep and mysterious guitar.

POEMAS NUEVOS

NEW POEMS

Canción de la nieta
como reina heredada

El cofrecito guardaba sus tesoros:
Dos cuchillos, una espátula, un cortaplumas,
la maquinilla de hacer ojetes,
y sobre todo la cucharita de mango largo.
Y fue entregado solemnemente a la nieta
como una reina hereda su antiguo reino.

Pero antes de aquel ritual
tomó delicadamente con sus dedos artríticos
la cucharita como
recordando aquellas tardes ya difusas
y la hizo girar en el aire
mientras un esplendor lejano animó la sonrisa.

Song of the Granddaughter
as Heiress Queen

The little box guarded her treasures:
two knives, one spatula, a pocket knife,
the small machine for making eyelets,
and above all the long-handled teaspoon.
It was entrusted to her granddaughter
the way a queen bequeaths her kingdom.

But before that ritual
she delicately took the teaspoon
in arthritic fingers
as if remembering now faded afternoons
and twirled it in the air
as a distant radiance revived her smile.

Divisar la muerte

Cuando finalmente mi tía abuela
en penosa ascensión al Mirador de Catarina
logró contemplar la laguna de Apoyo
—inmenso y límpido iris bajo el domo del cielo—
sus ojos estaban llorosos bajo los gruesos lentes.

Se quedó silenciosa un momento y después preguntó:
¿la muerte será como este cielo azul, combo, infinito?

Anticipating Death

When at last my great aunt
walked painfully all the way up to Catarina Lookout
and contemplated the Apoyo Lagoon
—a great clear eye of water beneath the sky's dome—
there were tears beneath her thick glasses.

A moment of silence, then she asked:
Will death be like this blue sky, dome-like and infinite?

Vuelvo a ser yo misma

Cuando entro con mis hijos a su casa, vuelvo
a ser yo misma.
Desde su mecedora ella
nos siente llegar y alza la cabeza.
La conversación no es como antes.
Ella está a punto de irse.
Pero llego a esconder mi cabeza
en su regazo, a sentarme a sus pies. Y ella me contempla
desde mi paraíso perdido
donde mi rostro era otro, que sólo ella conoce.
Rostro por instantes recuperado
cada vez más débilmente
en su iris celeste desvaído
y en sus pupilas que lo guardan ciegamente.

I Become Myself Once More

When my children and I enter her house
I become myself once more.
From her rocking chair
she senses our arrival and raises her head.
Our conversation isn't what it used to be.
She is preparing her departure.
But I come to bury my head in her lap,
sit at her feet.
She contemplates me from my lost paradise
where my face is another
that she alone perceives.
A face retrieved by instants
ever more faintly
in her dull blue irises
in her blind pupils that keep it safe.

Súplica al último hijo

perdóname el fatal don de darte la vida
— *Rubén Dario*

Te espero con una angustia acumulada día a día,
con las jornadas que engañaron mi dicha,
con la desolación de saberme atada secularmente
          como el buey a la noria.

Ya no me atrevo a arrullarte
acariciando mi redondez: tu mundo.
Y te pido perdón por el deseo de morir
que me tiraniza el pecho.

Dame ese hálito que te empuja hacia la vida
para remolcar a este náufrago corazón.

Entreaty to the Youngest Child

forgive me the fatal gift of giving you life
—Rubén Darío[1]

I wait for you with an anguish that grows each day,
the aridity that cheated my happiness,
the desolation of knowing I'm securely tied
                like an ox to his water wheel.

No longer do I dare to coo to you,
caressing my roundness: your world.
And I ask you to forgive this desire for death
that tyrannizes my breast.

Give me the breath that pushes you towards life
to haul away this shipwrecked heart.

---

[1] Rubén Darío is considered the greatest of all Nicaraguan poets. He was one
of the founders of the modernist school. His work was profoundly anti-
yankee.

Sin respuestas

No puedo negarlo.
Yo esperaba sonrisas y felicitaciones
y ni siquiera tu padre se atrevió a decírmelo.
Su rostro desmentía sus palabras
y habían demasiadas miradas en el ambiente.

Pero vos, ajeno a todo eso
llorabas—igualándote en el llanto
a las demás criaturas—.

Y cuando al fin pude verte,
cuando sabida de todo
nos pusieron uno frente al otro
y tus nudillos diminutos, pálidos a fuerza
de atenazarme
se aferraron a mi dedo,
supe cómo eras,
cómo realmente serías.

Desde entonces
no cesamos de aprender uno del otro
peregrinando juntos: engorrosos exámenes,
diagnósticos, pronósticos
cirugías, medicamentos, terapias
etcétera, etcétera...

(Tus hermanos no comprenden tu fobia al alcohol,
jeringas y gabachas blancas).

Ansiosos tus ojos
me interrogan en la oscuridad del cuarto de hospital
y yo, sin respuestas, sólo puedo abrazarte.

Without Answers

I cannot deny it.
I awaited smiles, congratulations,
and not even your father could tell me.
His eyes belied his words
and there were too many furtive glances in the room.

But you, oblivious to all that,
just cried—alike in your cries
to all the other infants.

When at last I could look at you,
when I'd been properly told
and they placed us face to face,
your tiny knuckles pale
as they curled about my finger
holding me tight,
then I knew how you were,
how you would really be.

From that moment
we have not ceased learning one from the other
pilgrims together through annoying exams,
diagnoses, prognoses,
surgeries, medications, therapies
etcetera...

(Your sister and brother do not understand
your phobia of alcohol, hypodermics, and white coats.)

Your anxious eyes
interrogate me in the shadows of the hospital room
and I, without answers, can only hold you close.

Día de las madres

—A *mis hijos*

No dudo que les hubiera gustado tener
una linda mamá de anuncio comercial:
   con marido adorable y niños felices.
Siempre aparece risueña— y si algún día llora—
lo hace una vez apagados reflectores y cámaras
y con el rostro limpio de maquillaje.

Pero ya que nacieron de mí, debo decirles:
Desde que era pequeña como ustedes
ansiaba ser yo misma—y para una mujer eso es difícil—
(Hasta mi Angel Guardián renunció a cuidarme
cuando lo supo).

No puedo asegurarles que conozco bien el rumbo.
Muchas veces me equivoco,
y mi vida más bien ha sido como una dolorosa travesía
vadeando escollos, sorteando tempestades,
desoyendo fantasmales sirenas que me invitan al pasado,
sin brújula ni bitácora adecuadas
que me indiquen la ruta.

Pero avanzo, avanzo aferrada a la esperanza
de algún puerto lejano
al que ustedes, hijos míos—estoy segura—
arribarán una mañana
—después de consumado
mi naufragio—.

Mother's Day

—To my children

I do not doubt you would have liked
one of those pretty mothers in the ads:
    complete with adoring husband and happy children.
She's always smiling, and if she cries at all
it is absent of lights and camera,
makeup washed from her face.

But since you were born of my womb, I should tell you:
ever since I was small like you
I wanted to be myself—and for a woman that's hard—
(even my Guardian Angel refused to watch over me
when she heard).

I cannot tell you that I know the road.
Often I lose my way
and my life has been a painful crossing
navigating reefs, in and out of storms,
refusing to listen to the ghostly sirens
who invite me into the past,
neither compass nor binnacle to show me the way.

But I advance,
go forward holding to the hope
of some distant port
where you, my children—I'm sure—
will pull in one day
after I've been lost at sea.

Los vecinos

Como cualquier pareja
pintan la casa,
cuidan el jardín
renuevan automóvil
y visten a la moda.
El es profesional y ella secretaria
o algo por el estilo.
Hijos estudiantes
que aspiran a dirigir importantes empresas.

Celebran cumpleaños
van a la playa,
pleitos intercalados violentos
o pasajeros.
Asisten a misa los domingos.

Ni siquiera me ocuparía de mencionarlos
si no fuera por esa maldita costumbre
de emborracharse con sus amigos cada sábado
y discutir a gritos hasta el amanecer
mientras yo intento escribir.

Neighbors

Like other couples
they paint their house
care for their garden
buy a new car
and sport this season's fashion in clothes.
He is in business and she's a secretary
or something similar.
Their sons are in school
and plan on being presidents
of important companies

They celebrate birthdays
go to the beach,
with violent or trivial fights
every now and then.
On Sundays they attend mass.

I wouldn't mention them
if it weren't for this damned habit they have
of getting drunk with their friends every Saturday night,
screaming and shouting until dawn
while I am trying to write.

Mensaje a los poetas

—A: *Ernesto, Julio, Vidaluz.*

"*Y si queremos pelear hay muchos enemigos al otro lado de las barricadas...*"
—V. Maiakovski

Ellos estuvieron siempre en conciliábulo.
Camaleónicos, encubiertos,
disfrazados entre nosotros
flotaron sobre la turbulencia de las aguas
desafiando flujos y reflujos
con sus cuerpos-boyas, sus cabezas-globos,
mejor acomodados que cualquiera de nosotros.

Ha sido divertido para ellos
maquinar artificios, adiestrarse en el arte
de emponzoñar, y protegidos
con escudo de múltiples servidumbres,
amontonaron homenajes, condecoraciones
de un bando y de otro.
¡Ah, pero no los envidiemos, indoblegables compañeros,
incondicionales únicamente de la Poesía!

En sus discursos se proclaman inmortales
pero como travestistas, acabada la función,
desechan el maquillaje y tienen que aguantarse
sus rostros verdaderos o insoportables.

Ellos, que se engordaban malinformando,
ahora vuelven a medrar en sus aguas
queriendo usurpar las voces de los héroes.
Dejémosles decir sus necedades
que de ellas se hartan/ pero la fuerza arrasadora
                                    de la vida
                        borrará sus palabras/

Message to the Poets

—*To Ernesto, Julio, Vidaluz.*

*and if we want to fight there are numerous
enemies on the other side of the barricades...*
—V. Maiakovski

Forever in secret confabulation, chameleons,
undercover agents, the masked among us,
they rode the turbulence of waters,
defying the ebb and flow of tides
with their buoy-like bodies, inflated heads,
more duly established than any of us.

They've had their fun with craft,
been skilled at the art of poison
all the while protected
by their shield of multiple servility.
They've had mountains of tribute,
awards from one side and the other.
Let us not envy them, my noble comrades,
unconditionals to Poetry alone!

In their speeches they proclaim themselves immortal
but like disguise artists, when the curtain falls,
take off their makeup and must gaze
upon their own true, unbearable faces.

They, who got fat telling lies,
now thrive once more in familiar waters
as they attempt to steal the voices of our heroes.
Let them spew their stupidities,
their bread of every day.
The galloping power of life
will erase their words.

La bestia y su domador

como bestias de jardín, yo los he visto—
—Ernesto Mejía Sánchez

Desde las rejas observo al domador regando el jardín
(la oscuridad oculta sus facciones).
Parece inofensivo: alguien ocupado solamente
en pequeños menesteres:
apacentando plateados arbustos y rosas pálidas.
Un revuelo de hojas
anuncia el repentino paso de la brisa
que desde el patio empapado entra y me toca
        humedeciendo
las áridas grietas de mi pecho.

The Beast and His Tamer

like garden animals, I have seen them...
—*Ernesto Mejía Sánchez*

I watch from the railing as a tamer waters the garden
(his features hidden in shadow).
He seems harmless enough: someone occupied
with minor duties alone,
feeding pale roses and silver shrubs.
A stir of leaves
announces the sudden passing of a breeze
which from the saturated courtyard touches and enters me,
wetting the arid furrows of my heart.

Tu perfección es . . .

Tu perfección es inimitable
como el templo de Luxor que contemplé
conmovida en el Museo Metropolitano:
Construido sin argamasa, piedra por piedra.
La guía del museo lo mostraba
majestuoso, bajo la gris y alta bóveda
del cielo de New York.

Pero a tanta excelencia yo prefiero
tu abrazo en las tinieblas al final del día.

Your Perfection Is . . .

Your perfection is inimitable
like the Temple of Luxor that moved me
when I viewed it in the Metropolitan Museum:
built without mortar, stone upon stone.
The museum guide pointed it out
majestic beneath the high gray dome
of that New York sky.

Instead of such excellence
I prefer your arms at dusk.

Noticia en el supermercado

a vida é uma agitacao feroz e sem finalidade
—Manuel Bandeira

Entre las verduras oigo sus discusiones:
Hablan del supervisor, reniegan de los turnos
de si la fulanita no llego a tiempo
del mísero sueldo que para nada alcanza.

Hoy temprano hubo un accidente
en la carretera frente a mi casa.
Acababa de bajarse del bus una muchacha
y una camioneta la mató
cuando intentaba cruzarse al otro lado.
Un gentío rodeaba su cadáver
y algunos comentaban conmovidos
que no parecía tener más de dieciocho años.

De repente cesa la habladera.
Alguien dió la noticia
que se regó como un temblor oscuro y sordo
por el supermercado.

¿Cómo decirle a doña Mariana que su única hija
que tanto le costó,
que apenas iba a matricularse en la universidad
y se despidió tan contenta esta mañana,
yace en media carretera con el cráneo destrozado
mientras ella despacha muy amable la carne a los clientes?

Supermarket News

...*a vida é uma agitacao feroz e sem finalidade*
—Manuel Bandeira

I hear them talking among the vegetables.
They discuss their supervisor, the lousy shifts,
the one who didn't come to work on time
and the miserable wage that doesn't buy a thing.

Early today there was an accident
on the highway across from my house.
A young girl stepped off a bus
and a truck ran her down
as she tried to cross to the other side.
In the crowd circling her corpse, someone murmured
she doesn't seem older than eighteen.

Now there is silence, all discussion stops.
Someone has brought the news
that moves through the market
like a dark and speechless quake.

How to tell Mariana
as she courteously dispatches the customers' meat,
that her only daughter
the one for whom she struggled so
the one who was just about to enter the university
the one who only this morning said goodbye with a smile
is lying in the middle of the highway
with her skull in pieces?

Lassie (autobiografía)

Es cierto. Fui fiel.
Mi único anhelo era que me pasaran
una mano displicente
por la cabeza.
Y moviendo alegremente la cola
daba vueltas, ladraba me revolcaba
para recibir al amo.

Lassie (Her Autobiography)

It's true. I was faithful.
My only desire
was for them to pat me gently on the head.
And joyfully wagging my tail
I raced around, I barked, I jumped in delight
when my master came home.

Alter ego

Vuelve tú ahora a mirar el rostro
de la venus de Boticelli, el de Kali,
el de Judith de Chartres
con su supuesta sonrisa.
                    —Adrienne Rich

Esa que todos celebran, no soy yo.
Observen mi rostro
que muchos han comparado
al de la Venus de Sandro Boticelli.

Escruten los ojos claros—no tan serenos—
y la aparente mansedumbre de los párpados.
La piel, de palidez marmórea,
los pómulos altos, lisos, brillantes,
y la sombra—levemente siniestra—que proyectan.
El aleteo casi imperceptible de la nariz
y el temblor contenido en los labios.

La inclinación de la cabeza, el vuelo dorado
de la cabellera
con que decorosamente se cubre el púbis
no es inocencia.
La mano grácil como gardenia entreabierta
sobre el pecho
es coraza, escudo que defiende
al corazón.

Alter Ego

Now, look again at the grace
of Botticelli's Venus, Kali,
the Judith of Chartres
with her so-called smile.[1]
    —*Adrienne Rich*

She who everyone celebrates, is not I.
They look upon my face
so many have compared
to that of Sandro Boticelli's Venus.

They search her clear eyes—never so serene—
and the apparent softness of their lids.
Her skin, its marble pallor,
high cheekbones, smooth and elegant,
and the slightly sinister shadow they project.
The almost imperceptible flare of her nose
and contained trembling of her lips.

The tilt of her head, the golden
sweep of hair
that so decorously covers her pubis
is not innocence.
Her graceful hand, half-opened
gardenia across her breast
is armor, a shield to defend her heart.

[1] From "The Phenomenology of Anger," *Diving into the Wreck*, 1973.

El mismo corazón atormentado,
cundido de cicatrices de Clitemnestra,
obligada a sacrificar a su hija por el poder,
engañada y abandonada, que pasó diez años
esperando el retorno de Agamemnón
para vengarse.
El corazón de Cassandra
abismada en el terror de la locura
que la hacía ver visiones,
leer oráculos sombríos,
llena la boca de medias palabras,
hablando siempre, siempre hablando dormida,
echada sonámbula en las graderías,
la lengua anestesiada recorriendo inciertos continentes
oscurecidos.

El corazón de Medea, iracunda,
burlada por el marido
después de que lo había convertido en héroe
y por él había abandonado
patria, casa y familia.

El mismo corazón de Dido, otoñal, fruta madura
ofrecida ciegamente al forastero
para quedar, ruina humeante, brasa devastada
en su propio incendio.

That same tormented heart,
laced with Clytemnestra's scars,
obliged to sacrifice her daughter for the throne,
betrayed and left, who waited ten years
for Agamemnon's return
so she might have revenge.
Cassandra's heart
ravaged by madness
evoking visions
and somber oracles,
filling her mouth with half-words,
always talking, talking in her sleep,
found asleep in the stands,
her anesthetized tongue traveling
                uncertain continents.

Medea's heart, the furious one
betrayed by her husband
after she made him a hero,
leaving country, home and family.

Dido's autumn heart, ripe fruit
offered blindly to the traveler,
become a smoking ruin, a broken coal
                in its own fire.

Adiós del ama de casa desempleada

Desde hoy te libero.
Tu ritual matutino de noticias, diarios, duchas refrescantes
te animarán. Llegarás despreocupado
al mundo de hombres importantes y mujeres más importantes.

Niños que te interrumpen continuamente
Serán sólo una vaga experiencia del pasado.
Disfrutarás la posesión de tus cosas, tu tiempo posible
e imposible, los trofeos de tu trabajo
sin enojosas cargas.
—De vez en cuando te caerá alguna joven venada
           complaciente—
Y sobre todo, ya no tendrás que soportarme.

           ¿Qué más prueba de amor
           puedo ofrecerte?

Goodbye from an Unemployed Housewife

From this moment I set you free.
Your morning ritual: the favorite news cast, newspapers
and refreshing showers
will cheer you up. You'll come without prejudice
to the world of important men and more important women.

Children who interrupt you again and again
will remain but a vague memory from the past.
You'll enjoy your own things, your possible
and impossible time, trophies of your work
without burden or annoyance.
Now and then a complacent doe will come along, and above all
you won't have to put up with me any longer.

> What greater proof of love
> can I offer you?

Trámites de divorcio

—Homenaje a Sylvia Plath

Ayer fui a Londres a ver al abogado: una experiencia
desgarradora pero necesaria. Sin saber
adónde se encuentra Ted...
espero llegar con él a un arreglo amistoso.

Las leyes, por supuesto, son atroces: a la mujer
se le asigna una tercera parte de las entradas del marido
y si él no paga
la demanda es larga y costosa.
Y si la esposa gana algo,
se incluye su entrada en la del marido
y ella termina pagando por todo.

Es mucha la humillación de estar sin un centavo
y tener que pedir prestado a oídos sordos.
Este año ganamos juntos 7.000 dólares, incluyendo
mi tercera parte. Ahora todo eso se acabó...
me multarán por ganar y si no gano tengo que pedir.
Bueno, elijo lo primero.

El abogado me dijo
que podía llevarme los niños a Irlanda.
Espero alquilar esta casa, y escribir como loca
(¡Cómo anhelo escribir sobre mis cosas de nuevo!)
pero me debo ir, aunque no pueda
porque tengo que lograr el control de mi vida,
de lo poco que me ha quedado.

Divorce Proceedings

—Homage to Sylvia Plath

Yesterday I went to London to see the lawyer:
a heart-breaking experience, but necessary.
Not even knowing where to find Ted...
I hope to reach an amicable arrangement.

The laws, of course, are atrocious: the woman
is assigned a third of her husband's income
and if he doesn't come through,
the claim is long and costly.
If the wife earns something,
her income is included in her husband's
so she ends up paying for everything.

How humiliating to be penniless, to be forced
to ask for loans from those who cannot hear your pleas.
This year we earned $7,000 between us,
including my third. Now it's gone...
They'll fine me for earning and if I fail to earn
I'll have to beg.
Well, I choose the first.

The lawyer told me
I could take my children to Ireland.
I hope to rent this house and write like mad
(how I long to write about my own affairs once more!)
but I must go, although I can't
because I have to get control of my life,
the little I have left.

A veces me pregunto si podré superar la tristeza
que se cierne sobre este año.
No echo de menos la cocina ni el mantenimiento de la casa
pero soy bastante clarividente:
Presentí que todo esto ocurriría.
Mi sueño de ser buena profesora,
escribir libros en mis ratos libres
y ser anfitriona hogareña, esposa y cocinera
se ha evaporado rápidamente.

Sometimes I wonder if I can overcome the sorrow
that marks this year.
I do not miss the kitchen or the cleaning
but I'm clairvoyant enough:
I knew all this would happen.
My dreams of being a good professor,
a writer in my spare time
and an affable hostess, wife and cook,
have quickly evaporated.

Marina

Las muchachas
bocas demasiado rojas,
ojos presos en círculos
demasiado negros.

Oscuras ellas como anguilas
contrastan violentamente
con sus trajes de baño.
Andan de week-end
con unos viejos funcionarios internacionales
que beben whisky
y pagan su compañía con ropas y baratijas.
Ellos generosamente las obsequian
con su más tierna halitosis
y sus impotentes taquicardias.

Cardúmen de sirenas o sardinas
lanzan las olas: guirnaldas y espuma.
Y brincan, brincando mejor en la playa ardiente
que en las camas otoñales.

Seascape

Young girls
with crimsoned lips
their eyes imprisoned
in circles of deepest black.

Dark as eels, a brutal contrast
to their beach attire.
They are here for the weekend
with the international businessmen
who guzzle whiskey and pay for their company
with cheap clothes and costume jewelry.
Those generous gifts
that come with a tender halitosis
and impotent tachycardia.

The waves spew shoals
of sirens or sardines: garlands and foam.
And leaping they leap
so much better on the burning beach
than in their autumn beds.

Requisitos para ser reina de belleza

Para optar a la corona
se necesita tener un cuerpo espléndido.
Además, lucirlo ante el jurado
sabiendo qué mostrar y qué ocultar
para que los hombres queden ávidos.

El maquillaje impecable.
Al máximo ojos y boca
que reflejen al mismo tiempo
sensualidad y candor/ ingenuidad y lujuria.
Dientes blanquísimos son imprescindibles
así como abundante cabellera, corta o larga
pero cuidada y lustrosa.
(No puede olvidar que encarna un sueño).

Alguna historia romántica que contar:
Novios que se oponen o esperan,
padres envanecidos que la alientan y admiran,
ilusiones de infancia que al fin se cumplen, etcétera.
Estudios y proyectos personales
con cierto aire intelectual, Y sobre todo,
mostrar sensibilidad ante los males
que aquejan a la humanidad.
(Niños hambrientos y maltratados, justicia social,
crisis económicas y guerras).

Requisites for a Beauty Queen

For the crown a splendid body
is required
and you must show it to the judges
knowing what to reveal and what to hide,
leaving them always hungering
for more.

Impeccable makeup.
Fully delineated eyes and mouth
reflecting sensuality and candor,
innocence and lust
at one and the same time.
The whitest of teeth of course
and beautiful hair, long or short
but gleaming and well cared for.
(Do not forget you are a living dream.)

There's always a romantic tale to tell:
boyfriends who didn't want you to try out
or who still wait for you,
proud parents who encourage and support,
childhood dreams come true at last.
Etcetera. Etcetera.
An appropriate dose of personal goals
sprinkled with a vague hint of intelligence,
and above all, a sensitive concern
for the ills that plague humanity.
(Children hungry or abused, social justice,
economic crisis, wars.)

La Regla de Oro es responder a todo
pero dando a entender que su cultura es mayor.

Ya en el estrado, caminando de frente
se debe resaltar el pubis
y al darse vuelta
dejar al público borracho y enardecido.

Pero todos estos requisitos
serán insuficientes
si la dueña de ese cuerpo espléndido
no lo reparte espléndidamente.

The golden rule: respond to every question
while leaving the impression
that your culture is greater than your words.

Once on stage and walking straight ahead
you must project your pubis
and as you turn
leave your public drunk, on fire.

But none of this will be enough
if the owner of the splendid body
is not willing to share it splendidly.

Mensaje urgente a mi madre

Todas íbamos a ser reinas,
y de verídico reinar,
pero ninguna ha sido reina
ni en Arauco ni en Copán...
—Gabriela Mistral

Fuimos educadas para la perfección,
para que nada fallara y se cumpliera
nuestra suerte de princesa-de-cuentos
          infantiles.

¡Cómo nos esforzamos, ansiosas por demostrar
que eran ciertas las esperanzas tanto tiempo
          atesoradas!

Pero envejecieron los vestidos de novia
y nuestros corazones, exhaustos,
últimos sobrevivientes de la contienda.
Hemos tirado al fondo de vetustos armarios
velos amarillentos, azahares marchitos.
Ya nunca más seremos sumisas ni perfectas.

Perdón, madre, por las impertinencias
de gallinas viejas y copetudas
que sólo saben cacarearte bellezas
de hijas dóciles y anodinas.

Perdón, por no habernos quedado
donde nos obligaban la tradición
y el buen gusto.

Por atrevernos a ser nosotras mismas
al precio de destrozar
todos tus sueños.

Urgent Message to My Mother

All would be queens
and truly reign,
but none have been queen
in Arauco nor in Copán...
—Gabriela Mistral

We were educated for perfection,
so that nothing would fail and we would fulfill
our fairy princess destiny.

How hard we tried, eager to prove true
those years of hoarded hope!

But the bridal gowns grew old
and our hearts tired,
last survivors in struggle.
Into the reaches of ancient wardrobes
we've tossed the yellow veils, the wilted orange blossoms.
Never again will we be submissive
or perfect.

Forgive us, mother, for the impertinences
of presumptuous old hens
cackling the cuteness
of docile and innocuous daughters.

Forgive us for not having stayed
where tradition and good taste
directed us.

For daring to be ourselves
at the cost of all your dreams.

Contamos con que estás

—*a mi madre*

Seguimos mirándote
cristalizada en un tiempo sin tiempo.
De pronto, me choca tu cabello blanco
(¿Cuándo perdió su esplendor de caoba?)
Te veo casualmente cambiándote de ropa
y me conmuevo:
Ahora tu cuerpo es más pequeño y frágil.
(¿Qué crisis enfrentaste calladamente
en tantos años de soledad y viudez?)
Pero son momentos, sólo momentos
que luego olvidamos
cada quién en el trajín de la vida.

Contamos con que estás,
te visitamos de vez en cuando
y cruzamos—como pájaros—
breves palabras al vuelo.
Y seguimos posponiendo el verdadero
encuentro, la conversación definitiva
como si la vida durará para siempre
como si no pudiera
terminarse todo hoy mismo.

We Take You for Granted

—to my mother

We keep on seeing you
as if timelessly preserved.
Suddenly I notice your white hair
(wondering when it lost its mahogany splendor)
or watch as you change clothes
and am moved:
your body now so fragile and small.
(How many crises have you suffered in silence
through all these years of lonely widowhood?)
But these are moments, brief moments
which we later forget
engrossed as we are in ordinary tasks.

We take you for granted,
visiting every once in a while
and we exchange — like birds
in flight — a quick word or two.
We keep on putting off the real meeting,
the important conversation,
as if life lasted forever
as if it could not end today.

Mujer para la especie

—A María Denise

Desde los estantes polvosos
tus muñecas, nostálgicas, te observan:
cuánto has cambiado.
Abandonas la infancia sin señales de duelo.

Avida de ti misma
en la íntima turbación del baño
descubres cada día tu cuerpo florecido

Tu padre reclama tu aire ausente.

Tus hermanos menores no entienden nada:
(Los prolongados encierros/la soledad)

Y tú, te asqueaste la primera vez que tu sangre
manchó tu ropa.

Apenas puedo acompañarte,
apenas puedo explicarte
que otro será tu tiempo/otra tu historia.
Que ahora recomienza tu historia:
niña, adolescente, mujer para la especie.

Woman for the Species

—to María Denise

From their dusty shelves
your dolls observe you with nostalgia:
how you've changed.
And you abandon your childhood
without visible signs of grief.

Day by day, you marvel at your own body
and in the intimacy of your bath
discover its blossoming.

Your father complains about your daydreaming.

Your younger brothers don't understand
when you shut yourself in your room
or want to be alone.

And you, you were disgusted
the first time your blood stained your clothes.

I can barely keep up with you,
barely explain
that yours is a new age, another history.
That your history is beginning now,
my child, adolescent, woman for the species.

Ser mujer

Haber nacido mujer significa:
poner tu cuerpo al servicio de otros
dar tu tiempo a otros
pensar sólo en función de otros.

Haber nacido mujer significa:
que tu cuerpo no te pertenece
que tu tiempo no te pertenece
que tus pensamientos no te pertenecen.

Nacer mujer es nacer al vacío.
Si no fuera porque tu cuerpo-albergue
asegura la continuidad de los hombres
bien pudieras no haber nacido.

Nacer mujer es venir a la nada.
A la vida deshabitada de ti misma
en la que todos los demás —no tu corazón—
deciden o disponen.

Nacer mujer es estar en el fondo
del pozo, del abismo, del foso
que rodea a la ciudad amurallada
habitada por Ellos, sólo por ellos
a los que tendrás que encantar, que engañar,
servir, venderte, halagarlos, humillarte
rebelarte, nadar contra corriente, pelear,
gritar, gritar, gritar
hasta partir las piedras
atravesar las grietas,
botar el puente levadizo, desmoronar los muros
ascender el foso, saltar sobre el abismo,

To Be a Woman

Having been born a woman means:
placing your body at the service of others
giving your time to others
thinking only in terms of others.

Having been born a woman means:
that your body is not yours
that your time is not yours
that your thoughts do not belong to you.

Being born a woman
is being born in a void.
Except that your body-dwelling
insures the continuance of men
you might as well not have been born.

Being born a woman
is coming to naught,
to a life you do not inhabit
in which everyone else — not your own heart —
determines and decides.

Being born a woman is to be at the bottom
of the well, the chasm, the water
that surrounds the walled city
inhabited by Them, They alone: those
you must admire, trick, charm,
humiliating and selling yourself.
You must swim against all currents,
rebel, fight, and praise
until you can split rocks
and slip out through the crack,
discard the draw bridge, tear down the walls,
make it to the moat and jump over the chasm,

lanzarte sin alas a salvar el precipicio
impulsada por tu propio corazón
sostenida por tus propios pensamientos
hasta librarte del horror al vacío
que tendrás que vencer
sólo con tu voz y tu palabra.

leap without wings over the precipice
impelled only by your own heart
sustained only by your own thoughts
until you conquer the horror of the void
until you free yourself
with just your voice, your word.

Linaje

Pregunto por las mujeres de mi casa.

Desde niña supe la historia del bisabuelo:
Científico, diplomático, liberal, político,
padre de prole numerosa y distinguida.

¿Y Doña Isolina Reyes, casada con él desde
los quince años hasta su muerte, cuál fue su historia?

Mi abuelo materno se graduó *Cum Laude* en la
              Universidad de Filadelfia
y aún se conserva su tesis fechada en 1900.
Dirigió la construcción de kilómetros de vía férrea
y sólo la muerte repentina truncó su sueño
de extender el ferrocarril hasta la Costa Atlántica.
Nueve hijos e hijas lo lloraron.

¿Y su esposa Rudecinda que parió esos hijos
los cuidó y amamantó, qué sé de ella?

Pregunto por las mujeres de mi casa.

Mi otro abuelo era un patriarca
cuya sombra amparaba a la familia entera
(incluidos cuñados, primos, parientes lejanos, amigos,
conocidos y hasta enemigos).
Empeñó su vida en ampliar un patrimonio
que todos dilapidaron después de su muerte.

¿Y a mi abuela Ilse, ya viuda y despojada
qué le quedó, sino morirse?

Pregunto por mí, por ellas, por las mujeres
              de mi casa.

Lineage

I search for the women of my house.

Since childhood I've known my great grandfather's story:
scientist, diplomat, liberal politician
and father of many distinguished sons.

And Isolina Reyes, married to him
from the age of fifteen until her death,
what was her story?

My maternal grandfather graduated *Cum Laude*
from the University of Philadelphia.
We still preserve his dissertation written in 1900.
He oversaw the construction of miles of track
and only a sudden death cut short his dream
of bringing the railroad to the Atlantic Coast.
Nine sons and daughters mourned him.

And his wife Rudecinda, who gave birth
to those children, who nursed and raised them,
what do I know about her?

I search for the women of my house.

My other grandfather was a patriarch
beneath whose shadow the whole family thrived
(including brothers-in-law, cousins, distant relatives,
friends, acquaintances, and even enemies).
His life was spent accumulating the fortune
they wasted when he died.

And my grandmother Ilse, widowed and impoverished,
what could she do but die?

I search for me, for them, for the women
        of my house.